DEL EGO AL SER

DEL EGO AL SER
9 CLAVES HACIA LA FELICIDAD

Virginia Blanes

Título original: *Del Ego Al Ser*

Reservados todos los derechos. Queda rigurosamente prohibida, sin la autorización escrita de los titulares del *copyright,* bajo las sanciones establecidas en las leyes, la reproducción parcial o total de esta obra por cualquier medio o procedimiento, incluidos la reprografía y el tratamiento informático, así como la distribución de ejemplares mediante alquiler o préstamo públicos.

© *6ª edición 2016 by Virginia Blanes*

vb@virginiablanes.com

ISBN: 978-15-030-8881-8

Dedicado a aquellos que, a pesar de las circunstancias, se esmeran en ser su mejor manifestación.

A aquellos que no se rinden bajo el peso de la infelicidad heredada y la apariencia del desamor.

A aquellos que se atreven a mirar de frente a sus demonios y apuestan por la paz.

A aquellos que logran, con su presencia y su actitud, transformar este mundo un lugar cercano al Hogar, gracias.

ÍNDICE

ESTE LIBRO 9

CAPÍTULO 1: COMENZANDO UN CAMINO 13
   1.1 LA RESISTENCIA Y LOS CINCO FUNDAMENTOS 13
      Pereza vs. Voluntad 14
      Cobardía vs. Valor 18
      Deshonestidad vs. Honestidad 21
      Falta de atención vs. Atención 24
      Incoherencia vs. Coherencia 27
   1.2 IMPRESCINDIBLE: RESPONSABILIZARSE Y SABER RESPIRAR 30
      La Responsabilidad 31
      La Respiración 35

CAPÍTULO 2: DESCUBRIENDO LAS NO VERDADES 41

CAPÍTULO 3: SÉ UN HEROE 53

CAPÍTULO 4: DEJA DE TOMARTE EN SERIO 63

CAPÍTULO 5: ERES EL CREADOR DE TUS CIRCUNSTANCIAS; ASÚMELO 75
   5.1 LA LEY DE LA ATRACCIÓN 85
   5.2 LA FILOSOFÍA DE LA QUEJA 89

CAPÍTULO 6: CONVIÉRTETE EN UN SABIO 95
   6.1 LA INOCENCIA 95
   6.2 LA SABIDURÍA 102

CAPÍTULO 7: LOS GRANDES MONSTRUOS 109
   7.1 ¿CREES QUE ERES LIBRE? 109
   7.2 EL EGO 118
   7.3 EL GRAN DICTADOR: EL MIEDO 125
   7.4 LA MUERTE 136

CAPÍTULO 8: LO CORRECTO 141
   8.1 TÚ, YO Y LOS OTROS... 145
   8.2 TODOS SOMOS ESPECIALES, NADIE ES ESPECIAL 153
   8.3 EL AMOR 160
   8.4 LOS MAESTROS DEL AMOR 168

CAPÍTULO 9: LA FELICIDAD 171
   9.1 COVIÉRTETE EN UNA PERSONA FELIZ ... 178

BIOGRAFÍA 183

OTRAS PUBLICACIONES 185

ESTE LIBRO...

Son muchos los libros y talleres que inundan el mercado, prometiendo recetas mágicas y sobre todo rápidas para extirpar las penas y el desasosiego. En algunos de ellos se encierran algunas verdades, las básicas, las que en el fondo todos conocemos. En otros, en la mayoría, sólo se acumulan eslóganes vacíos aunque armónicamente plasmados, fáciles de memorizar, que la mente repite una y otra vez, pero que nunca son fruto de la experiencia. Estos son los que venden, los que hacen que la gente crea que sabe algo, que ha descubierto algo, que ha cambiado algo. No importa si no es cierto, porque parece que lo fundamental en nuestro tiempo es lo aparente, nunca la realidad. Y así, en la irrealidad es donde se acumula la frustración, cuando en algún momento el que creía saber se da cuenta de la invalidez de su mentira, cuando descubre a duras penas y muy a pesar de su ego, que no ha avanzado, sino en el crecimiento de su ignorancia.

Este no pretende ser un libro de autoayuda, ni un manual revolucionario, ni un recetario mágico. Lo que expongo aquí son técnicas arcanas, simples y efectivas (siempre que se llevan a la práctica claro). Este es un manuscrito que compila la definición de unas energías arquetípicas básicas que, comprendidas y sumadas a unas disciplinas sencillas, pueden aliviar de forma considerable el estrés, el desánimo, la ansiedad, el desasosiego, y toda esa cantidad de emociones que hacen del ser humano un triste superviviente en la época actual. Esta es una invitación a la mente a jugar de una manera diferente, a mirarse desde una perspectiva más relajada, más productiva y sobre todo más amorosa. Es una invitación al alma a manifestarse de una forma óptima en el presente, a gozar de la maravillosa oportunidad que ofrece esta vida.

Aunque mi condición de clarividente me ha llevado al conocimiento de otras realidades, de seres no físicos y de otras vidas, no haré referencia aquí a nada que no sea terreno, pues ninguna espiritualidad sirve si no te ayuda a ser más feliz aquí, en la Tierra, en el día a día.

Aquí es donde estamos ahora y todo lo que nos aleje de nuestro presente y engrandezca el mundo de la fantasía no nos servirá para evolucionar. A los que buscan ver ángeles antes de haberse visto a sí mismos y a los que pretenden salvar alguna porción del mundo sin haberse salvado a sí mismos, les invito a profundizar en la motivación de su necesidad y les aseguro que si logran comenzar la aventura de adentrarse en el propio descubrimiento, no necesitarán nada más. Basta con atreverse a mirar con ojos nuevos para descubrir la auténtica luz. Solamente hay que dar lo mejor de uno mismo, incluso cuando nadie está mirando, para recordarles a los demás que ellos también pueden. Esta es la mejor manera, diría que es la única manera, de "salvar" a alguien.

Te propongo que profundices en este libro a pequeños sorbos. No tengas prisa en hacer lo que no has hecho hasta ahora.

La prisa es una energía que ralentiza considerablemente el tiempo y, a menudo, imposibilita la consecución de tus objetivos. Así que es preferible tomar todo el tiempo que necesites para integrar cada enseñanza. Y recuerda que no es suficiente con leer, ni con memorizar. Cada vez que una vocecita en tu mente diga: "Esto ya lo sé", pregúntate a qué nivel lo sabes. Si lo que dice esa vocecita es verdad, ese concepto, sea el que sea, estará integrado en tu vida, formará parte de ti, será un don natural que se manifestará en tus pensamientos, en tus palabras y en tus acciones. Si no es así, es que sólo lo "sabe" tu mente dialéctica. Para que la enseñanza llegue a formar parte de ti y se convierta en sabiduría deberás ocuparte en ella. Deberás tomarte un tiempo cada día para realizar las prácticas propuestas, tendrás que responder las preguntas con toda la honestidad de que seas capaz y deberás observarte con compasión, sin juzgarte por no hacerlo "bien". Llevas mucho tiempo sin hacerlo y ahora estás aprendiendo, nunca hay que reprender a quien está intentándolo.

CAPÍTULO 1
COMENZANDO UN CAMINO

1.1 LA RESISTENCIA Y LOS CINCO FUNDAMENTOS

Si decides enrolarte en esta aventura de descubrimiento y transformación, te tendrás que enfrentar a un problema básico: tu ego, que se desplegará principalmente de cinco formas: pereza, cobardía, deshonestidad, falta de atención y, claro está, incoherencia. Del ego hablaremos a lo largo de varios capítulos, pero para empezar, estaría bien que no lo vieras como al gran enemigo. Nosotros permitimos que nuestro ego creciera hasta convertirse en lo que es ahora, por lo tanto está en nuestra mano transformarlo. No lo trates como a un apéndice que te pudieras extirpar, no pretendas destruirlo. Él procura que te sientas seguro, que no te hundas en aquello que percibes como carencias y para ello se aferra a lo conocido por muy nocivo que resulte para tu evolución o tu serenidad. Ante él, lo mejor es hacer uso de la paciencia y sobre todo de la atención, de la voluntad y la compasión. No luches contra él, sólo invítale a acompañarte en este nuevo juego.

Veamos qué podemos hacer con los cinco rostros que con más ahínco nos mostrará.

Virginia Blanes

PEREZA VS. VOLUNTAD

*"No es perezoso únicamente el que nada hace,
sino también el que podría hacer algo mejor que lo que hace."*

Sócrates

"La pereza es el hábito por el cual el hombre siente flojera de hacer lo bueno y evitar lo malo."

Raimundo Lulio

La pereza consiste en realizar las acciones contrarias a nuestras tendencias inmediatas. Dicho de otro modo, la pereza es esa energía en la que muchos se dejan caer para no hacer aquello que sienten como beneficioso u óptimo para sí mismos en un momento dado.

Es bien sabido que, cuanto más te dejas arrastrar por la pereza, más pereza sientes y menos fuerzas, ganas y tiempo pareces tener. Sin embargo, hay dos aspectos de esta trampa que no son tan conocidos. Uno es la creencia en la que se apoyan los perezosos. Esa que les confiere el supuesto derecho a no hacer, mientras se quejan y esperan que sus deseos sean cumplidos por otros en su nombre, porque en el fondo, se creen más especiales que los demás. Lo que no saben es que nadie va a hacer por ellos aquello de lo que ellos mismos sean capaces. Esto no es sólo una ley, sino un gran acto de amor del Universo, que siempre nos empuja cuando no nos cuidamos, cuando nos abandonamos, para mostrarnos nuestra propia desidia y ayudarnos así a salir de la insana indolencia.

El segundo aspecto es un rostro de la pereza que a menudo trae a engaño y no es tomado como tal. Es ese que mantiene a la persona en una actividad constante y le impide ocuparse de lo realmente importante, de lo que en verdad siente que debe hacer. Esta forma es a menudo utilizada, además de para el autoboicot, para castigarse por haber perdido "un día más", sin haber hecho algo por y para uno mismo.

Por el contrario, la voluntad consiste en decidir, actuar, ser consecuente, responsabilizarse, atreverse a asumir riesgos (asumir la propia libertad es asumir un riesgo) y llegar hasta el final. Y contra la pereza lo único que existe es la voluntad.

El desánimo, la displicencia, la desgana o cualquiera de las múltiples formas que puede adquirir la pereza surgirán a menudo. De hecho, es muy probable que esta energía densa y pesada te invada cada vez que vayas a realizar alguna práctica propuesta en este libro. Además, encontrará multitud de justificaciones y excusas para que no obres coherentemente, para minar tu intención. Puede que te cuentes que necesitas descansar, lo cierto es que las prácticas propuestas reportan un confortable descanso del cuerpo, la mente y las emociones. O que te convenzas de que hay otras cosas más urgentes o importantes que hacer, pero nada hay más importante que tú, que tu calma, que la posibilidad de ser feliz. Puede que te digas que esto no sirve para nada, pero sí que sirve si mantienes el propósito, la atención y la disciplina durante el tiempo adecuado... En definitiva, ninguno de los argumentos de tu ego que te puedan arrojar a la pereza son reales, aunque energéticamente sí son poderosos.

Debes comprender que cuando se posibilita un cambio, el ego se resiste porque teme ser descubierto. El ego no sabe lo que existe debajo de la superficie a la que está acostumbrado e intuye que si profundizas descubrirás más de una cosa difícil de aceptar o digerir; revelarás algunas *no verdades* sobre las que tu ego ha sustentado su existencia. Él no valorará la liberación que este descubrimiento le puede reportar, ni la calma, ni la claridad que traerá el cambio. Él literalmente prefiere lo malo conocido, lo falsamente cómodo, la irresponsabilidad y todas las inercias que te alejan de la libertad y también de la felicidad.

Hace demasiado que el ser humano se deja llevar, que está anestesiado y que por falta de costumbre teme ser feliz. Vivimos en una sociedad donde prima la distracción aunque no vaya unida al disfrute y al gozo. A nuestro alrededor todo está montado para que perdamos nuestro tiempo, para que nos distraigamos, para que nos anestesiemos y no nos detengamos a mirar qué sucede en nuestro interior, ni quiénes somos, ni quiénes podríamos ser. Estos son algunos de los motivos fundamentales por los que el ser humano se adormece en las inercias en busca de falsa comodidad en lugar de procurarse un bienestar verdadero. Como he dicho, contra esto la única herramienta de la que disponemos es la fuerza de voluntad. Pero recuerda que nadie nace con fuerza de voluntad, este es un talento que hay que ir trabajando cada día desde el compromiso con uno mismo. No se trata de entrar en una batalla, no es cuestión de hacer las cosas por la fuerza, aunque sí hay que esforzarse, es mejor hacerlo con amor por ti y hacia ti. Se supone que si queremos salir de la pereza es por amor a nosotros, no tiene sentido salir de ella castigándonos.

Práctica
Realiza diariamente al menos una práctica. No importa si es de respiración, de meditación o de cualquier otra cosa por la que has decidido comenzar tu camino.

Será más fácil si eliges un horario y te haces el regalo de dedicarte una pequeña franja de tiempo a ti, así tu mente se irá habituando a las técnicas que la liberan y la ayudan, y pronto comenzará a predisponerse cuando se acerque esa hora.

Al principio cinco minutos serán suficientes si un día "se te olvida" toma aunque sea sólo un minuto para enfocar tu mente en la intencionalidad de la práctica. Es fundamental que no dejes de realizar la práctica ni un solo día.

Virginia Blanes

COBARDÍA VS VALOR

> *"Quien no quiere pensar es un fanático; quien no puede pensar es un idiota; quien no osa pensar es un cobarde."*
>
> Francis Bacon

Este debería ser el fundamento que encabezara la lista, pues sin valor será imposible alcanzar los demás.

No es poco el coraje necesario para dar los pasos que te encauzan lejos de los caminos trillados, de lo socialmente adecuado, de lo seguro, de las anestesias, de la llevadera infelicidad... El ser humano en general es temeroso, y de ese temor se sirven las energías oscuras para mantenerlo adormecido, cómodamente repanchingado en su estancamiento.

Visto desde fuera resulta del todo incongruente, pero es un hecho que se viene repitiendo desde la antigüedad. Cada vez gana más terreno y coge más fuerza la paralización y la crítica destructiva que deviene del miedo de los hombres ante los cambios, ante lo desconocido. Digo que es incongruente porque si en lo conocido no se encuentra la plenitud, la tan ansiada felicidad, carece de sentido lógico, práctico y místico mantenerse apertrechado en ese terreno que ya no puede aportar nada más. ¿Qué tan terrible puede haber en algo nuevo, diferente? Por supuesto el ego se aferrará a lo viejo, a lo que aunque insano le da una falsa sensación de control. Si por el contrario el valor gana este inicio de la batalla, la persona se dispondrá para la destrucción de todo lo caduco, de todo lo inútil y se abrirá a un nuevo descubrimiento de sí misma, de sus posibilidades, de sus cualidades... Descubrirá que sólo se puede crecer dejando atrás lo pasado, caminando sin equipaje, sin estructuras de control hacia delante y que en ese terreno fértil no hay nada que temer y sí muchos tesoros por encontrar.

El individuo debería estar dispuesto a desaferrarse de todo aquello que le limite, de todo aquello que conozca y crea que es él, para aventurarse en lo desconocido, en lo nuevo, en la inestabilidad que con toda seguridad le ayudará a evolucionar. Pero por desgracia las personas no suelen siquiera plantearse la posibilidad del avance. Lo normal no es lo correcto y lo normal es que la gente ignore que el miedo es el opuesto al amor, que la vida es para los valientes, que los cobardes no pueden alcanzar el cielo.

El miedo argumenta sin conocer la realidad, el valiente la descubre. Desde el temor y la cobardía nunca se intenta nada, así nunca se logra nada. El valiente al menos lo intenta y a menudo, incluso lo consigue.

Aunque en el capítulo siete hablaremos más en profundidad de la energía del miedo, debes tener presente que requieres de tu valor si de verdad quieres avanzar.

Práctica

Cuando sientas miedo detente, cierra los ojos, respira profundamente y mira a través de ese temor. Si lo deseas puedes analizar a fondo sus causas, pero si miras más allá de lo aparente te darás cuenta de que detrás te aguarda algo grande. ¿No será ese tesoro escondido tras tu miedo lo que en realidad temes?

1 Cuando surja un nuevo temor recuerda miedos que tuviste en el pasado y que ya has vencido, observa como en el fondo no eran tan grandes, incluso podían ser absurdos y sólo servían para limitarte.

2 Cuando tu mente se pierda en temores, haz uso de tu voluntad y de tu consciencia para volver al presente.

    Si permaneces en el presente el miedo desaparece, ya que se alimenta de sucesos pasados y elucubraciones futuras, nunca de la realidad.

DESHONESTIDAD VS. HONESTIDAD

"Nuestras mentiras reflejan, simultáneamente, nuestras carencias y nuestros apetitos, lo que somos y lo que deseamos ser."

Octavio Paz

"La mentira es el recurso de quienes viven una vida de vergüenzas."

Anónimo

"Cuando nos mienten los demás no deja de ser un mero accidente; el verdadero drama se desencadena cuando nos mentimos a nosotros mismos por comodidad."

Anónimo

Una de las claves para pillar a tu ego y avanzar es: la honestidad. Casi todo el mundo se considera básicamente honesto, pero casi nadie lo es. No es algo premeditado, es sólo cuestión de inconsciencia, de ignorancia, o de ambas. Me explicaré: para contarnos la verdad sobre nosotros mismos o sobre los otros, deberíamos conocer nuestras motivaciones profundas y al mismo tiempo deberíamos ser muy empáticos. Deberíamos saber quiénes somos y quiénes están jugando a ser los otros. Sin embargo quienes somos, nuestra esencia verdadera, quedó sepultada bajo el peso de nuestros personajes y sus reacciones. Así que, nos definimos en función de esos personajes, de esos disfraces que mantienen escondido y a salvo a nuestro ego y nos facilitan la pertenencia a nuestra familia, nuestra sociedad, etc. Hurgar debajo de esos almidonados ropajes puede ser doloroso y suele dar mucha vergüenza. Esto, sumado a la inercia de quedarnos en la superficie, dificulta la tarea del autodescubrimiento. No basta con ser sincero. Ser sincero supone decir lo que crees, pero las creencias nos mantienen alejados de la realidad. Ser honesto implica un conocimiento de la verdad que no está limitado por el pensamiento, por la herencia educacional, por lo políticamente correcto o por las necesidades del ego.

Tendrás que adiestrarte en "tirar del hilo", no te quedes con la primera respuesta, con lo obvio, escarba más allá de lo visible, de lo que conoces. Estoy segura de que no te gusta que te mientan, entonces deja de mentirte a ti mismo. No es una cuestión de juicio o prejuicio, no hay respuestas buenas o malas, es una cuestión de búsqueda, sólo hay respuestas verdaderas o falsas. No supedites tus contestaciones a lo fácil o a lo que has creído hasta ahora, porque las creencias, como he dicho, no son sabiduría, no son realidad, nacen del ego y sólo sirven para que te sientas aparentemente seguro. No esclavices a tu alma en función de lo que los demás dicen o esperan de ti. Los otros están tan perdidos como tú, sus aseveraciones, en el mejor de los casos, pueden servirte como pistas, pero en general serán irreales y parceladas. Permite que cada una de las *no verdades* que han sustentado a tu personaje se muestren como lo que son, porque sólo cuando te desprendas de ellas podrás empezar a descubrir la verdad y por tanto a ti. Y recuerda que la verdad está por encima de los credos, los tiempos y las emociones. Mientras la mentira genera sufrimiento, la verdad trae libertad. No temas decirte la verdad, ese es el único lenguaje que conoce el corazón y es hacia tu corazón hacia donde debes dirigirte, sólo allí te hallarás, sólo en él podrás descansar.

Práctica

Ante cada respuesta que te des a las cuestiones que irás encontrando a lo largo del libro (y más allá de él), plantéate:

1 Si es cierta.

2 Si te has quedado con lo obvio o si hay posibilidad de profundizar y ahondar más.

3 Si con esa respuesta pretendes mantener alguna sensación de seguridad, o alguna apariencia (al nivel que sea).

4 Si prima el tener razón por encima del descubrir.

Virginia Blanes

FALTA DE ATENCIÓN VS. ATENCIÓN

"Orar es hablar con Dios, meditar es escuchar a Dios."

Anónimo

La atención es uno de los pilares cardinales sobre los que cimentar el sendero hacia la serenidad, sin ella todo lo demás es prácticamente imposible. Solamente desde la atención podemos ir tomando conciencia de nuestra realidad, de nuestros pensamientos, de nuestras intenciones, de nuestros sentimientos... Y sólo al ser conscientes, podemos librarnos del sufrimiento y podemos vivir de una forma correcta. Una vida en la que, dejando de hacernos daño, seamos capaces de sembrar lo más adecuado en cada momento mientras disfrutamos de lo que cada día nos otorga.

Sin embargo la mente de la mayoría de las personas está confusa y se dispersa en mil direcciones distintas sin prestar una auténtica atención a nada. Probablemente mientras lees esto estés pensando en algunas otras cosas y pierdas el sentido de alguno de los párrafos. Seguramente hasta este instante no has reparado en la posición de tu cuerpo, en si hay zonas en tensión, o en la forma en la que estás respirando...

La falta de atención es fuente de agotamiento, de confusión y de improductividad a todos los niveles. Frente a ella la única herramienta es, valga la redundancia, la atención.

El camino de la atención es un camino largo que requiere de un entrenamiento constante y de un compromiso absoluto. Al principio casi nadie lo logra y eso lleva a muchos a abandonar. Sin embargo lo que no hay que olvidar es que no sólo es posible, si no que, además, es un camino que abre muchas puertas y todas ellas merecen la pena.

Para comenzar a practicar la atención hay que empezar por lo más cercano y eso eres tú, concretamente tu cuerpo y tu respiración. Basta con que te detengas y te observes, primero lo obvio, por ejemplo la posición. Luego, con el tiempo, irás profundizando hasta tener una atención constante, relajada y natural que observará sin juicio todo lo que ocurre en tu interior. Así, al ir tomando conciencia de lo que te sucede en cada instante, los acontecimientos difícilmente se podrán apoderar de ti. No sólo te conocerás en profundidad, además tendrás un dominio sereno y compasivo de ti mismo; dejarás de reaccionar y empezarás a actuar, comenzarás a recuperar la libertad perdida. Porque mientras sobrevives de una reacción a otra, mientras eres arrastrado por un más de lo mismo que te empuja desde tu inconsciente, no estás disfrutando en ninguna forma ni de ti ni de la posibilidad de ser libre. Si no prestas atención no sabrás transformar aquello que ha trazado cualquiera de los senderos que en tu vida te han generado algún tipo de sufrimiento.

Meditar no se trata de cerrar los ojos y navegar hasta mundos o dimensiones lejanas. Al contrario, se trata de abrir los ojos al presente, de forma que seas consciente en cada momento de tu parte física, de tu parte emocional, de tu parte mental, de tu motivación... de ti.

De esta manera, la mente se alinea con tu esencia, convirtiéndose en tu aliada en lugar de ser tu enemiga. Cuando la atención es constante es mucho más difícil mentirse y caer en la pereza. Cuando la atención está presente, la ansiedad, el estrés y la depresión desaparecen. Llegar a mantenerla de una forma continuada es cuestión de práctica, disciplina y tiempo. No importa que al principio se te olvide, no desistas de tu intención, párate cada vez que recuerdes que no estás atento y permite que poco a poco esta se convierta en una forma de vida y no sólo en un ejercicio obligado.

Práctica

Ten en cuenta cuánto tiempo de tu día te dedicas realmente a ti, a detenerte a preguntarte qué te haría bien, a preguntarte cómo te sientes y cómo te haces sentir. Y ahora compara esto con el tiempo que pasas distraído y con tu mente y tu energía dispersas en cosas intrascendentales, en quejas o en deberes con los que no te sientes feliz. Pregúntate si estás dispuesto a comprometerte contigo mismo a dedicarte tiempo de enfoque y calidad, aunque sean quince minutos al día.

Cada vez que te acuerdes (mínimo una vez al día) presta atención a lo inmediato: a cómo estás respirando, a tu postura corporal, a qué estás pensando, a cómo están tus emociones, a cualquier sensación, a lo que estás viendo, a si hay prisa, etc. No hagas juicio alguno sobre todas estas cuestiones, no se trata de valorarlas, sólo se trata de tomar consciencia de ellas.

Del ego al ser

INCOHERENCIA VS. COHERENCIA

"No pretendas apagar con fuego un incendio, ni remediar con agua una inundación."

Confucio

Por último, aunque no menos importante, nos encontramos ante la incoherencia. Esa capacidad que tiene el ser humano de hacer justo lo opuesto a lo que sabe que debe hacer y de encuentrar justificaciones infinitas para sobrevivir, pero que sobre todo genera oportunidades de queja, enfado, frustración e incluso enfermedad, cuando manifiesta el resultado de sus acciones. Es obvio que la única forma de vencerla es siendo coherente. Es tan sencillo, valga el ejemplo, como sembrar limoneros si lo que queremos y esperamos recoger son limones. Si por el contrario sembramos olivos, sabiendo que son olivos y que queremos limones ¿tenemos derecho a quejarnos ante nuestra cosecha? ¿Hay alguien a quién podamos culpar de nuestra falta de coherencia, de nuestros actos y de sus resultados? La respuesta a ambas preguntas es no. Esto nos lleva a un tema a tener en cuenta: en el momento actual de tu vida, si mirases hacia atrás con honestidad y detenimiento, descubrirías la cantidad de cosas que has sembrado de forma descuidada, incoherente y egoica. No te agobies, es cierto que muchas de esas cosas aún han de florecer y que en este caso no valen las soluciones drásticas como quemar el campo de cultivo. Sin embargo, tienes la oportunidad de comenzar una nueva siembra y si te das el tiempo necesario y actúas de la forma adecuada, seguro que disfrutarás tremendamente de los frutos futuros. Pero para ello debes asumir la responsabilidad de tu vida. En lugar de boicotearte y poner tu poder en manos de otros para que se ocupen de ti, debes hacer lo necesario, estar dispuesto a pagar el precio de aquello que deseas lograr. Además, si comienzas a ser coherente descubrirás con deleite la paz que se logra al unificar tu mente, tu emoción y tus actos. Este, posiblemente, es el primer paso hacia la salud y serenidad.

Práctica

1 No importa si eres incoherente por costumbre, como táctica de boicot ante la posibilidad de éxito o por cualquier otro motivo. A partir de ahora plantéate siempre para qué vas a hacer lo que vas a hacer (sea lo que sea) y obra de forma consecuente.

Presta atención y no te contestes con un porque… los porqués suelen nacer del ego y no te ayudan a profundizar.

Evita los impulsos y las reacciones, esas dos maneras de actuar nunca traen buenas consecuencias. La forma de conseguirlo es detenerse antes de hacer, respirar y preguntarse para qué. Si la respuesta no es coherente con lo que pretendes que sea tu vida, respira la emoción que te impulsaba y contempla o márchate, pero no reacciones.

2 Cuando tengas un objetivo o quieras conseguir algo, medita sobre el precio que hay que pagar para lograrlo. Si de verdad estás dispuesto a pagarlo, define cuál es el plan de acción más coherente para alcanzarlo.

3 Procura alinear tus pensamientos y tus obras y presta atención para verificar que estos no están en disonancia con lo que sientes o con tus emociones. Una forma segura de sufrir es pensar

una cosa, decir otra y hacer otra diferente.

Sea cual sea tu excusa para mantener una actitud incoherente, ten en cuenta que lo único que vas a conseguir así es enfermar y mantener la infelicidad.

Frecuencia
Siempre.

1.2 IMPRESCINDIBLE: RESPONSABILIZARSE Y SABER RESPIRAR

Lo cierto es que si en tu día a día funcionaras desde la voluntad, el valor, la honestidad, la atención y la coherencia, casi nada más sería necesario. Sólo con esto, tu vida se transformaría notablemente y comenzarías a descubrirte. Seguro que te sorprendería la belleza que se esconde bajo los personajes que parecen manejar tus circunstancias y, por supuesto, comenzarías a vivir los sucesos desde la calma y no con una zozobra que te imposibilita disfrutar y ser consciente de todo lo que eres y recibes. Pero aún quedan otros dos puntos imprescindibles si realmente pretendes evolucionar y quieres alcanzar la felicidad. Como todos los demás resultan obvios, pero su propia obviedad puede hacerte pensar que los dominas, cuando cabe la posibilidad de que ni siquiera los conozcas.

LA RESPONSABILIDAD

"El precio de la grandeza es la responsabilidad."

Winston Churchill

"La mejor forma de rehuir la responsabilidad consiste en decir: Tengo responsabilidades."

Richard Bach

Debes responsabilizarte de tu vida, no sólo de tu supervivencia. Para crecer, evolucionar, realizarte y lograr la felicidad, debes asumir por completo la responsabilidad de tu vida y de todo lo que en ella suceda.

Es cierto que estamos todos inmersos en una gran red que entrelaza nuestras existencias y nuestras acciones a las de otros individuos, y que nada ni nadie que intervenga en nuestra realidad está ahí por azar. Cada pequeño suceso se debe a una siembra realizada por nosotros a nivel consciente o inconsciente. Todo lo que nos llega de fuera nos está dando la oportunidad de aprender algo, merece que lo observemos sin juicio, abiertos a descubrir lo que trae para nosotros, ya sea una advertencia de que estábamos obrando mal, un recordatorio de que debemos aplicarnos más en algún área concreta, un regalo, o una buena cosecha... En cualquier caso, debemos mantener la objetividad y contemplar de forma templada. No es cuestión de buscar culpables ante lo desagradable y mucho menos de buscar salvadores que nos rescaten ante lo que no creemos dominar. Tanto si los acontecimientos son favorables, como si no lo son, debes saber que son tu creación y por tanto tu responsabilidad, y que únicamente tú puedes sacar el mejor partido de ellos y transformarlos para bien.

Asumir esto es fundamental, porque mientras no se hace, la gente vagabundea culpando a otros, sintiéndose perdida e impotente frente a sus aciagos destinos. Otros corren tras falsos gurús a la espera de que los reconozcan y obren mágicamente sobre sus circunstancias convirtiendo sus existencias en vidas falsamente idílicas. Sólo cuando asumes que tu camino es único y que sólo lo puedes andar tú, que nadie es responsable de tus estados de ánimo, de tus aciertos o de tus errores, comienzas a caminar. Mientras no asumes esto, te mueves como una ratita de laboratorio dentro de la rueda, expuesto a la más atroz de las actitudes: tu irresponsabilidad.

La irresponsabilidad es uno de los mayores actos de desamor que puedes cometer contra ti. Al ceder tu responsabilidad, por un lado haces una renuncia tácita a la libertad, esa que pones junto con tu poder en manos de otros. Porque quien no actúa o no asume las consecuencias de sus actos, no hace uso del derecho sagrado de la libertad. Y, por otro lado, al irresponsabilizarte, te estás dando el mensaje de que no eres capaz. Si tú no eres capaz de hacerte cargo de tu vida y de ti, nadie lo hará.

Asume que todo puede ser diferente si tú así lo decides, si obras en consecuencia y pones en marcha la voluntad de la que dispones para lograrlo.

Sé que este es un tema conflictivo. Cuando estamos inmersos en circunstancias desagradables que no comprendemos, lo sencillo es culpar a algo o a alguien externo para mitigar nuestro dolor. Cuando las cosas no salen como pretendemos, lo habitual, es "tirar balones fuera", lo fácil es enfurruñarse y desentenderse de las causas que, consciente o inconscientemente, han dado como resultado algo distinto a lo que pretendíamos. Pero lo cierto es que esas mismas circunstancias u otras muy similares seguirán manifestándose en nuestra vida hasta que aprendamos la lección que traen para nosotros y descubramos cuál es el motor que genera esos efectos. No sirve de nada mirar hacia otro lado, ni quejarse, ni empeñarse en huir. La vida en su infinita generosidad, nos seguirá mostrando cuáles son las consecuencias de nuestros actos de múltiples formas, hasta que decidamos retomar nuestra poderosa esencia y crecer. Hasta que nos convirtamos en soberanos de nuestras vidas y dejemos de ser víctimas de nuestras circunstancias.

Práctica

Deja de culpar a otros (vida, padres, pareja, suegra, destino, compañeros de trabajo, etc.) de lo que te sucede, de lo que no te sucede o de cómo te sientes. Recuerda que todos, absolutamente todos, tenemos o hemos tenido circunstancias desfavorables en algún momento de la vida, e igualmente todos tenemos la oportunidad de transformar esas circunstancias o al menos las emociones que estas nos han causado. Tal vez no puedas modificar cómo te trataron tus padres, pero la forma en la que vives ese trato o ese recuerdo sí. Procura ver qué puedes aprender, perdónate por no haber sabido vivirlo de otro modo y sigue adelante. Nadie vive algo que no es capaz de superar, y si te quedas en el lamento, sólo atraerás hasta ti circunstancias igual de lamentables.

Todo es relativo. Un mismo hecho puede ser vivido de infinitas maneras dependiendo del sujeto. De ahí que lo importante no sea lo que vivimos, sino cómo lo vivimos. Eso que te genera dolor está intentando enseñarte algo; te está dando una oportunidad de crecer. Si no lo aprovechas se repetirá de formas sutilmente diferentes hasta que te des cuenta de que no se trata de un castigo ni de una desgracia, sino de una oportunidad.

No esperes que nadie ni nada haga por ti aquello de lo que tú eres capaz. Nadie puede andar tu camino por ti, nadie puede salvarte de ti mismo, absolutamente nadie, ni humano, ni divino.

Frecuencia
Siempre

LA RESPIRACIÓN

Es innegable que todos respiramos si no lo hiciéramos, estaríamos muertos. Pero no por respirar podemos aseverar que estemos vivos. Cuando lo hacemos de una forma inconsciente, automática e incorrecta, como mucho nos aseguramos la supervivencia del cuerpo físico, nada más.

El simple hecho de aprender a respirar consciente y correctamente puede no sólo mejorar nuestra salud, sino llevarnos a un estadio de serenidad constante en el que los sucesos y las oportunidades que acaecen en nuestro día a día pueden ser observados sin implicación mental o emocional, de tal forma que nada llega a desbordarnos, a tumbarnos o a abocarnos al sufrimiento.

Hay muchas técnicas de respiración y casi todas ellas me parecen útiles. A lo largo de estas líneas, te propondré diversos ejercicios en los que la forma en la que tomes y expulses el aire será de suma importancia. Pero antes de comenzar debes comprender el peso específico que tiene tu forma de respirar en tu forma de pensar y en tu forma de vivenciar las emociones. La mayor parte de la gente respira de forma superficial y rápida, utilizando sólo la cuarta parte superior de los pulmones y el área clavicular. Esto genera una contracción en el diafragma, una acumulación de estrés y un sobreesfuerzo en nuestros órganos, sistemas y músculos. Ese tipo de respiración superflua y apresurada es una de las causas directas del estrés y también de la confusión mental. Cuanto más alta, rápida e irregular es la respiración, mayor es la alteración mental y la confusión en el pensamiento. Basta con aprender a respirar de una forma completa y pausada para que al menos el 90% de la tensión que acumulamos se disuelva. Cuando lo compruebas parece mágico si lo es o no es indiferente, lo importante es que funciona.

Si nunca has realizado ejercicios respiratorios, incluso si lo has realizado alguna vez, debes comenzar dedicando unos minutos diarios a las prácticas que te propongo a continuación. El objetivo es que finalmente tu respiración sea total, profunda y calmada de forma constante. No tengas prisa, los cambios que se logran merecen la inversión de tu tiempo en recordar la forma adecuada y sana de respirar.

Prácticas

Es importante que prestes atención al realizar cualquiera de los ejercicios propuestos y que no fuerces tu organismo. Respirar mejor no quiere decir hinchar la tripa al tomar aire o inspirar o expirar con fuerza.

Al empezar las prácticas puedes ayudarte dando el permiso a tu cuerpo para que ocupe el espacio que realmente necesita y le corresponde. También puedes darte permiso para llenarte (al inspirar) de toda la vida y toda la salud que requieres, hasta que poco a poco se vayan soltando las tensiones y los bloqueos que te imposibilitaban respirar correctamente.

Por último, puedes ayudarte con decretos concretos y sencillos para mantener tu atención centrada en el ejercicio, por ejemplo: "Me lleno de vida" al inspirar y "Me libero de bloqueos" al exhalar, u otros que te resulten provechosos.

1 **Relajar el diafragma:**
El diafragma se relaja de forma natural por medio de los suspiros y los bostezos, pero el hecho de que suspires habitualmente no quiere decir que tu diafragma no esté tenso y contraído.

Túmbate en una colchoneta o en una superficie lisa, procurando que tu espalda esté bien apoyada, incluida la zona lumbar. Siente el contacto con la colchoneta y relaja tus músculos.

Flexiona las piernas abriendo los pies a la medida de tus caderas. Pon atención para cerciorarte de que tu espalda está bien apoyada y de que no hay zonas de tensión. Puedes elevar y retrotraer tu cadera e imaginar cómo estira de tu sacro hacia el frente antes de volver a apoyarte este movimiento debería hacer que el contacto de tu zona lumbar con la colchoneta fuera mayor.

Los brazos están relajados a ambos lados del cuerpo. El cuello también está relajado, tu barbilla hace un ángulo de unos ochenta y cinco grados con tu pecho.

Centra toda tu atención en respirar. Debes hacerlo lenta y profundamente, inspirando y expirando por la boca. Para ello, la mandíbula debe estar relajada y la boca abierta. Si te cuesta mantenerla abierta ayúdate sujetando un tapón de corcho con los dientes.

Procura que tu pensamiento acompañe a cada inhalación y a cada exhalación. Si al principio te resulta difícil concentrarte, repite mentalmente al inhalar: "Me lleno de calma". Y al exhalar: "Me vacío de tensión".

Cuando estés habituado a esta práctica, sitúa tus manos en tus caderas y haz que el aire llegue hasta ahí. Al exhalar, saca el aire desde ahí.

Frecuencia aconsejable
De 10 a 20 minutos diariamente. Aunque se puede realizar tantas veces y durante tanto tiempo como se desee, no provoca sobredosis.

Recuerda que es muy importante que no dejes de realizar ningún día las prácticas que elijas. Si en alguna ocasión realmente no tienes tiempo, haz el ejercicio aunque sólo sea durante un minuto.

Nota
La boca se te resecará, pero eso se soluciona bebiendo agua cuando acabes el ejercicio.

2 **Respiración a Jara:**
El Jara es un centro energético muy importante que está situado (aproximadamente) dos dedos por debajo de nuestro ombligo, en la zona conocida como "Cuna de Fuego" o "Cinturón de Poder". Si lo pudieras ver, te darías cuenta de que es una especie de esferita de color anaranjado. En la mayor parte de las personas esa esfera está casi extinta, y con este tipo de respiración lo que vamos a procurar es reactivarla, darle la potencia que necesita.

Tener un Jara fuerte nos ayuda a regenerar nuestra energía de una forma limpia, a mantener las emociones equilibradas, a sentirnos conectados a la tierra y a estar presentes y en contacto con nuestro poder, y también a no caer demolidos ante los pequeños acontecimientos de la vida.

Tienes que centrar por completo tu atención en ese punto energético: el Jara. Al principio lo puedes imaginar tal como es: esférico y anaranjado, fueguino. Inhala llevando el oxígeno hasta él, dándole vida. Siente cómo gira sobre sí mismo, cómo late, siente su calidez. Al exhalar expulsa el aire desde esa misma zona, sintiendo cómo expulsas toda la suciedad que impide a tu Jara manifestarse de forma óptima, todo lo que esté estancado, todas las viejas emociones,...

Puedes realizar el ejercicio tumbado, de pie con los pies paralelos a las crestas ilíacas y las rodillas mínimamente flexionadas, o sentado en una buena postura de meditación.

Frecuencia aconsejable
Todos los días de 10 a 20 minutos.

3 **Detenerse y respirar:**
Este ejercicio debes realizarlo cada vez que tu mente comience a acelerarse, cada vez que te empieces a sentir triste, cada vez que te sientas confuso... O cada vez que te acuerdes. Detente físicamente y lleva tu atención a tu respiración. Haz que tu ritmo respiratorio sea lento, profundo y completo. Sería preferible que respiraras desde Jara y que exhalaras con la boca abierta para relajar tu diafragma. Si de veras te detienes y respiras con consciencia notarás cómo la tensión se diluye y los problemas parecen mucho más pequeños.

Frecuencia aconsejable
Tantas veces al día como sea necesario.

Hay muchas otras técnicas que nos ayudan a restablecer una forma sana de respirar, estos son sólo tres ejemplos altamente efectivos. Si realizas las prácticas necesarias y mantienes una buena atención, finalmente respirarás de una forma adecuada y consciente en cualquier momento y en cualquier circunstancia. Recuperarás la respiración abdominal que perdiste al ir creciendo. Y este será el primer paso hacia la felicidad y la consciencia de ti mismo.

CAPÍTULO 2
DESCUBRIENDO LAS NO VERDADES

"¡Triste época la nuestra!
Es más fácil desintegrar un átomo que un prejuicio."

Einstein

Antes de proseguir, te propongo que reflexiones sobre tres cuestiones que te ayudarán a situarte en una posición más objetiva frente a ti mismo:

1 ¿A qué crees que se debe tu desasosiego y tu infelicidad si los padeces?
2 ¿Qué situaciones se repiten en tu vida (aunque en la forma sean aparentemente diferentes)?
3 ¿Cuál es la enseñanza que puedes sacar de estas lecciones que te brinda la vida?

Sería aconsejable que tomaras nota de tus reflexiones; escribir (preferiblemente a mano) a menudo nos ayuda a poner algunas cosas en claro.

Es importante que no prosigas mientras no tengas bien definidas tus respuestas, no hay prisa, este libro no va a irse a ninguna parte (excepto a la basura si tú lo tiras).

¿Ya las tienes? ¿Has procurado ser totalmente honesto y no dejarte nada en el tintero? ¿Has prestado atención a las emociones que se han movido en tu interior mientras indagabas en busca de tus contestaciones? Si las respuestas a estas últimas preguntas son afirmativas, enhorabuena. Pero aún hay una última cuestión: ¿Has descubierto algo mientras respondías? Si la respuesta es negativa, es probable que te hayas conformado con contestar de forma superficial y hayas aceptado, una vez más, tus *no verdades* como ciertas y, lo que es peor, como única posibilidad.

Vayamos por partes. Las preguntas segunda y tercera tienen relación con lo que conocemos como karma, o sea, aquello que cada uno de nosotros ha venido a aprender. Cuando descubrimos nuestro karma particular podemos entender que determinadas cosas nos cuesten tanto y que se repitan una y otra vez en nuestra vida, pues hasta que no aprendamos la lección concreta que debemos integrar para evolucionar la vida o el mismo Universo nos seguirán dando oportunidades para hacerlo. Si no somos capaces de comprender esto, padeceremos cada vez que se nos presenten estas coyunturas, y ese mismo hecho impedirá que ascendamos al escalón siguiente en nuestro camino de evolución.

Uno de los karmas más habituales consiste en aprender a vivir. Me valdré de este como ejemplo, por ser común en tantísimas personas. Vivir no consiste en el hecho de tener un cuerpo físico que cumple sus funciones fisiológicas con regularidad. No se trata de abrir los ojos cada mañana y pasar un día tras otro inmerso en la rutina. Vivir va mucho más allá de eso. Vivir supone estar consciente en cada instante, disfrutando de lo que cada segundo del presente continuo que es la vida te da (sea lo que sea). Implica disfrutar de los cinco sentidos y de todo aquello de lo que dispones, sin perder tu energía pensando en el futuro o regodeándote en el pasado. Vivir conlleva no dejar de hacer lo que puedes, lo que eres capaz de hacer. Implica ser tu mejor manifestación en cada instante (a esto se llega estando en contacto con tu corazón y siguiendo sus certezas, en detrimento de los dictámenes de tu ego). Vivir equivale a aceptar que la existencia es cambiante y está llena de cosas perecederas que vienen y van por lo tanto, también implica no tener que echar de menos nada de lo aparentemente perdido, porque sacaste su máximo partido mientras estaba. En realidad vivir supone en sí mismo ser feliz. Esto nos lleva a que todo lo que sean inercias, acomodaciones, conformismos y sufrimientos impiden vivir y sólo permiten sobrevivir. Bien, pues si este es tu karma, la vida se empeñará en recordarte de forma reiterativa y casi constante que eres capaz de aprenderlo. Claro que si tú te obcecas en no hacerlo, en ir en contra de ti mismo, cada una de esas oportunidades se convertirá en sufrimiento, percibirás tus días como grises y pesados, no sacarás partido de lo que tienes porque no lo valorarás o temerás perderlo y ante cada suceso te quedarás confuso o abatido, sin comprender nada. Por otra parte, mientras no comiences a experimentar y a limpiar este karma, ningún otro se podrá activar. Esto impedirá que evoluciones. Es importante que recuerdes que el karma no es un castigo, es sólo algo que es imprescindible aprender o recordar para poder avanzar.

Ahora vamos con la primera cuestión que debías responder. Si tu mente está convencida de que hay determinadas circunstancias que te impiden ser feliz, y por tanto, vivir en el sentido absoluto de la palabra, puede que lleves razón. Haz una lista con todo aquello que consideres que te impide ser feliz. ¿Ya está? Bien, ahora enumera todas esas circunstancias por categorías que las delimiten. Por ejemplo, pon una categoría que se refiera a las circunstancias que no está en tu mano cambiar (si es que hay alguna), otra que contenga las circunstancias que tienen que ver con segundas personas, otra que tenga que ver con cosas que esperas que pasen o que deseas y no tienes, y otra con sucesos que ya no están en tu presente, y sin embargo, se mantienen vivos en tu mente o en tu emoción. De momento es suficiente, empezaremos trabajando sobre estas cuatro, que son las más comunes.

Toma el primer apartado, el que contiene cosas que "no está en tu mano cambiar", y prepárate para hacer un análisis en profundidad de cada una de las cosas que has anotado. Lo primero que debes hacer es, con total honestidad, recapacitar en si realmente no puedes cambiar esa circunstancia, sea la que sea. En caso de ser cierto este impedimento, hay algo que sí puedes y debes hacer: ACEPTAR. Lo que no puedes transformar debes aceptarlo, no es necesario que lo comprendas y mucho menos que ocupe tu tiempo, ni que se lleve tu energía. No importa de qué se trate, sea lo que sea, plantéate para qué está esa circunstancia en tu vida y que está dándote la opción de aprender, pero sobre todo y ante todo, acepta. Aceptar no sólo te liberará y te relajará, además dará paso a lo siguiente, para lo cual ese "estorbo" desaparecerá.

En el caso de las circunstancias que tengan que ver con segundas personas, por si no lo habías pensado, nos encontramos en la misma tesitura. No puedes cambiar nada que tenga que ver con otros, ya se trate de su comportamiento o de sus circunstancias. Estar esperando que alguien cambie es agotador y del todo frustrante. No puedes estar esperando de los demás aquello que no quieren o no saben dar. No puedes pretender que sean como tú consideras que deberían ser, ni te puedes empeñar en que sus circunstancias se transformen según tu criterio. Con los otros puedes compartir, aprender, vivir y agradecer por ello. Cuando con alguien realmente no estás a gusto, cuando la presencia, la personalidad o las circunstancias de alguien te molestan, te obsesionan o te entristecen, tienes dos opciones; la primera es simple: aléjate de esa persona. La segunda es: acéptala tal y como es y dale el permiso (no la orden) para que crezca, para que sea feliz. Sea cual sea la decisión que tomes, pregúntate por qué te irrita o te entristece, qué rasgo tiene que te da la ocasión de descubrir algo de ti o de trabajar alguna cualidad que no es usual en tu vida y sin embargo es necesaria. Pregúntate qué aspecto refleja de ti, qué parte que debe ser trabajada o transformada de tu personalidad o de tu ego proyectas en esa persona. Y sobre todo pregúntate para qué has atraído a esa persona (con su naturaleza y sus circunstancias) hasta ti, o para qué la mantienes en tu vida. ¿Qué ganas tú? No contestes que no sacas nada porque siempre, absolutamente siempre, aunque nuestro ego nos impida vislumbrarlo, obtenemos algo. Puede que sea algo absurdo o incluso mezquino pero, si encuentras la respuesta, habrás hallado la puerta para empezar a liberarte de esa relación o cuando menos del desasosiego que te provoca.

Respecto a lo que deseas y no tienes, tendrás que hacer, una vez más, uso de toda la honestidad de la que dispongas y deberás plantearte unas cuantas cuestiones como:

¿Lo necesito?
¿De verdad lo quiero?

¿Por qué lo quiero? ¿Es sólo porque socialmente es lo deseable? ¿Es por envidia? ¿Es porque necesito sentirme perteneciente a algún colectivo concreto? ¿Es porque así se alimentará mi ego? ¿Es porque así continuaré una tradición que me han inculcado y que limita mis verdaderos deseos?

¿Para qué lo quiero? ¿Es para demostrar algo a alguien o a mí?

¿Es este objetivo una excusa para huir de mí o de mi presente?

¿Lograrlo me va a hacer feliz o sólo me va a generar una euforia pasajera hasta que se diluya en pos del siguiente objetivo (igual de ficticio)?

Después de contestarte, tal vez te des cuenta de que ese anhelo que te hace dispersarte y te impide disfrutar de lo que sí tienes no es necesario. Sólo cuando los objetivos fatuos comienzan a caer, los auténticos propósitos del corazón pueden emerger.

En caso de no saber qué es lo que quieres, no te apresures, tómate tu tiempo y ve dejando en claro lo que no quieres, hasta descubrir la vía única que está trazada para ti desde antes de tu nacimiento. Y mientras tanto goza de cada minuto, tengas lo que tengas. Recuerda que el futuro no es más que la siembra realizada en el presente. Si te preocupas, aniquilarás tu campo de cultivo. Ocúpate únicamente de lo que requiera tu atención y tu energía ahora, y sonríe mientras lo haces.

Cuando descubras un propósito real de tu alma, tampoco tendrás que dejar de estar presente. Sólo enfoca tu energía en él, sé coherente y ten fe en ti. Así, será fácil alcanzarlo, porque estamos predestinados a lograr los propósitos de nuestra alma, aunque no sea en el tiempo o en la forma que desearía nuestro

Del ego al ser

ego, nada ni nadie (excepto nosotros mismos) puede impedir que realicemos nuestra misión de vida.

Vamos por último a por aquellos acontecimientos que sucedieron en tu pasado y que se mueven de forma reiterativa en tu mente o en tus emociones. Como debes saber, lo pasado, pasado está, y no hay nada que podamos hacer para cambiar lo sucedido; bueno, casi nada. Pide perdón si has dañado a alguien y perdónate a ti si permitiste que alguien te dañara. En cualquier caso el pasado sólo nos sirve para saber de dónde venimos, para aprender a hacer las cosas mejor, para comprender que absolutamente todo es perecedero y que debemos aprovechar cada oportunidad y disfrutar de cada cosa mientras esté en nuestra vida. Si te enfocas en tu pasado, finalmente te darás cuenta de que vives en un tiempo inexistente, echando de menos lo perdido e intentando entender el porqué de acontecimientos que no atendiste mientras estaban sucediendo. Permanece en tu "aquí y ahora" y permite que tu pasado se ordene de la forma adecuada en ti, hasta que puedas comprender sin sufrir, hasta que te puedas desapegar de él. Cuanto más empeño ponga tu mente de forma obsesiva en dilucidar o recuperar lo que el tiempo se llevó, más complicada va a ser su resolución y más difícil va a resultarte ser feliz.

Ninguna historia pasada es excusa para mantener el sufrimiento presente. Todos tenemos vivencias ponzoñosas detrás, y todos tenemos la opción de seguir adelante. Siempre es mejor avanzar que quedarse atascado en un lamento que está engrandecido por la distorsión de un recuerdo. Avanzar merece la pena; pudrirse con los cadáveres pretéritos, no.

Los cuestionamientos a los que acabas de responder no son más que un entrenamiento para ir tirando del hilo, para comenzar a descubrir tus *no verdades*. ¿Que qué son las no verdades? Pues todas aquellas creencias, objetivos, emociones e inercias que te hacen pensar que la vida, el mundo y tú sois de una determinada manera y te impiden descubrir la realidad y, por tanto te impiden ser libre, realizarte y ser feliz.

Cada cosa que te han dicho a lo largo de un tiempo determinado (ya sea sobre la vida o sobre ti) y has asumido como cierta es una *no verdad*. No vale decir: "Es que la vida me ha demostrado que es cierto", porque con tu poder tú vas a atraer aquello que sirva de refuerzo a tu creencia, aquello que te reafirme y le permita a tu ego o a tu personaje mantener "el control". Si piensas, por ejemplo, que los hombres o las mujeres son malos, atraerás a todo tipo de malandrines y te perderás el descubrir a todos los hombres y mujeres buenos y maravillosos que también pueblan este mundo; así que, tú mismo, piensa lo que quieras.

Si te han convencido y te has convencido, por ejemplo, de que eres una persona iracunda, y te repites a ti mismo ante cada ataque de ira: "Es que yo soy así", no vas a poder descubrir que también eres una persona templada, y seguro que lo eres, pues en cada persona existen los opuestos de todas sus cualidades y de todos sus defectos. El problema es que las creencias suelen hacer que el individuo se aferre sólo a una de las caras de la moneda. Es absurdo, pero el ego necesita sentirse identificado, parcelado, y prefiere repetir una actitud dañina hasta el fin de la vida porque así obtiene una falsa sensación de seguridad. Así llegamos a uno de los puntos donde más necesario se hace el uso del valor y de la honestidad. El valor lo necesitas para destruir el personaje que crees que eres, con todo lo que lo identifica y lo mantiene protegido en un terrible estancamiento. Necesitarás mucho valor para dejar de repetirte que no te resulta posible cambiar, mucho valor para lanzarte al abismo de lo desconocido, de lo ilimitado. Y, claro, mucha honestidad para dejar de excusarte y poner la responsabilidad fuera. Para mirarte de frente y descubrir que tu personalidad y lo que a través de ella has creado no son la verdad.

Parece difícil e incluso doloroso, pero es sólo la apariencia antes de comenzar el camino. Lo cierto es que el proceso de destrucción de las *no verdades* puede ser complicado pero siempre es altamente liberador, siempre y cuando estés dispuesto a convertirte en una persona y a dejar de ser un personaje.

Entiendo que a la inmensa mayoría de la gente le cueste tanto dar este paso que ni siquiera lo intenten. Decidir darlo implica un salto al vacío, una renuncia a todas las creencias que han dado forma a tu vida y a tu personalidad. Un dejar ir tus modos de hacer, repetir y reaccionar, esos que a menudo te cargan de razón mientras te hunden en la extraña comodidad del estancamiento. Además, el descubrimiento de las *no verdades* lleva implícito estar dispuesto a despedirse de los grupos (sean familiares o no) a los que se aferra cada cual para sentirse perteneciente y amortiguar la soledad. En ocasiones esta separación no es necesaria, pero son pocas las veces en que el grupo tolera, respeta o acepta el despertar de uno de los individuos, ya que esto tiende a poner en tela de juicio los principios que los han mantenido unidos. Supone la liberación de la tendencia manipulativa de los grupos y el crecimiento más allá de los términos impuestos para la seguridad y la subsistencia del mismo. Comprendo que la inmensa mayoría prefiera no pensar, no profundizar, no buscar, no ser consciente de las mentiras y de los barrotes libremente elegidos. Todo esto da mucho miedo a los seres humanos. A unos pocos, sin embargo, lo que nos aterra es vivir viciados por la mentira, por la irrealidad pintada por alguien hace mucho tiempo para salvaguardarse de sus propios temores; renunciar a descubrir cuántas formas diferentes de vivir la vida hay; no intentar volar para no salir de la "ventaja" de un nido que nada puede aportar salvo más miedos; morir sin experimentar el amor, por quedarse en la dependencia y en los chantajes emocionales; repetir lo que a tus predecesores sólo les ha traído infelicidad y frustración... Eso sí que es verdaderamente terrorífico.

A partir de ahora tendrás que prestar mucha atención para ir descubriendo todas aquellas *no verdades* a las que te aferras. Cuando las descubras no te descalifiques ni te juzgues por haberlas mantenido; sólo obsérvalas, mira qué es lo que lograbas con ellas y busca, si es que lo sigues necesitando, otras formas de alcanzar lo mismo de una manera más sana y menos dañina y limitante para ti. Así irás descubriendo que tienes muchas más opciones y muchas más cualidades de las que pensabas, pero sobre todo descubrirás que en el fondo es realmente poco lo que necesitas para ser feliz. El simple hecho de quitarle poder a las *no verdades* tras las que te habías mantenido escondido hasta ahora te otorgará mucha paz y te ayudará a descubrir tu auténtico potencial.

Descubrir y destruir las *no verdades* es mucho más importante de lo que *a priori* parece, pues si no destruyes ese caparazón construido a base de límites, ignorancia e irrealidad, todo lo nuevo que quieras atraer a tu vida, todo lo que quieras transformar o todo lo que pretendas que emerja desde tu corazón se verá imposibilitado y chocará una y otra vez contra las razones del ego y contra sus enquistadas reacciones. Si te quedas en la justificación lógica de los fracasos, habrás perdido una batalla crucial, y probablemente te regodearás en apologías que recalcarán la imposibilidad de vivir de otra manera. En definitiva, desperdiciarás tu vida que sí puede ser diferente, mucho mejor.

Practicas:

1 Toma todo el tiempo que sea preciso (no intentes hacerlo en un solo día) para ir enumerando, en papel, todas las creencias que rigen tu personalidad y tu vida.

2 Una vez que las tengas recuerda cuándo y por qué o por quién surgieron. No importa si son educacionales, si se gestaron a raíz de una mala experiencia o si las asumiste porque era lo políticamente correcto o lo que pensaba la mayoría; sea cual sea su raíz toma nota de ello.

3 Revisa qué ganas manteniéndolas.

4 Plantéate qué pasaría si renunciaras a ellas o las cambiaras por otras. ¿Qué personas estarían en desacuerdo con esos cambios? ¿Qué tipo de personas o circunstancias podrían entrar en tu vida a raíz de esos cambios? ¿Qué podrías descubrir de ti al cambiar esos dogmas y esas actitudes?

5 Sobre todo no te empeñes en mantenerlas, date el permiso de descubrir que la vida y tú podéis ser de otra forma.

CAPÍTULO 3
SÉ UN HÉROE

*"Intenta no volverte un hombre de fama,
sino volverte un hombre de valor."*

Einstein

*"Dicen que soy héroe...Yo débil, tímido,
casi insignificante, si siendo como soy hice lo que hice,
imagínense lo que pueden hacer todos ustedes juntos."*

Mahatma Gandhi

"Todos caminaron. Pocos dejaron huella..."

José Narosky

Consideramos héroes a aquellos que han realizado una hazaña extraordinaria, fuera de lo común. A aquellos que han sabido luchar por un propósito correcto, épico, que no sólo les ha servido a ellos mismos, sino que también ha revertido positivamente en su sociedad.

Normalmente para alcanzar el objetivo, el héroe debe renunciar a las comodidades de la vida corriente y debe enfrentarse y vencer a uno o varios monstruos. En la vida sucede lo mismo: tú podrías ser un héroe si te alejaras de tus vicios acomodaticios, si renunciaras a la rutina y te enfocaras en un noble objetivo dictado por tu corazón y no por tu mente dialéctica o por tu ego. Por supuesto que no es sencillo, por eso hablamos de héroes y no de seres vulgares. Además, para vencer, deberías enfrentarte a una legión de monstruos infernales pero, aunque pudiera dar esa sensación, ninguno sería externo a ti. Todas y cada una de las quimeras a las que tendrías que dominar no serían más que rostros de tu propia oscuridad, egrégores creados por tus emociones desbocadas, por tus miedos, por la confusión de tu mente, por tus herencias transgeneracionales, etc. No es tan grave, recuerda que son tus creaciones y, de la misma forma que les diste vida, puedes transformarlas, sanarlas, iluminarlas.

Por otra parte, debes tener en cuenta que los héroes, si bien disponen de talentos o dones especiales, no están exentos de defectos o puntos débiles. En esto tampoco difieren del resto de los seres humanos. La única diferencia es que el héroe acepta tanto sus virtudes como sus defectos. Sabe que los primeros no existirían sin los segundos y, en lugar de descalificarse por lo que aún tiene que pulir, se centra en sacar el mayor partido de sus mejores cualidades, poniéndolas en acción.

Cabe destacar que, a pesar de estar enfocado totalmente en su propósito, lo fundamental para el héroe no es el logro en sí mismo, sino todo lo que vive y descubre en la travesía que ha de recorrer para alcanzar su meta. Ciertamente, si en las leyendas tomaran mágicamente al protagonista y lo depositaran directamente ante su objetivo, no sólo no existiría la leyenda, además habrían robado al héroe la oportunidad de aprender, de crecer y de disfrutar de su camino, y también habrían impedido a otros ilustrarse a través de su determinación y de su historia. Cuando comprendemos este principio básico, es cuando comenzamos a cultivar la paciencia y cuando en verdad comenzamos a prestar atención al presente y a los detalles que llenan maravillosamente nuestra propia historia. El objetivo es sólo la excusa para dar los pasos que deben ser dados. Y dándolos, sin prisa, prestando atención en cada uno de ellos, es como nos convertimos en la mejor manifestación de nosotros mismos. Es como llegamos a descubrir nuestros tesoros y como logramos dar un paso más en el camino de retorno al Hogar.

Pero antes de iniciar la andadura debemos enfrentarnos a dos pequeños problemas:

* El primero es aprender a definir nuestros auténticos propósitos, aquellos que no nacen desde el ego sino que son dictados por la certeza de nuestra alma. Estos nunca vienen impuestos por alguien o algo externo, ni siquiera tienen por qué coincidir con lo que tu familia o tu sociedad espera de ti. Son sólo tuyos y los hallarás debajo de las *no verdades* que hasta ahora han ido empujando tus pasos.

   Cuando descubres un auténtico propósito, internamente se despierta un gozo y una fe que nada tienen que ver con la exigencia y la ansiedad que provocan lo objetivos del ego. No estoy hablando de una alegría emocional, sino de una satisfacción serena que se convierte en el motor que pone en marcha tus pasos, sin prisa. Por otro lado, la fe que acompaña a este descubrimiento no es en nada ni en nadie externo, es una auténtica fe en ti. Es lógico, pues en el fondo sabes que nadie va a hacer por ti lo que tú puedes y debes hacer. Y además sabes que dispones y dispondrás de todo lo que necesites para alcanzar tu meta. Tu alma no puede proponerse algo que sea imposible para ella. Tu ego sí puede confundirse y buscar cosas para las que no está preparado y que, además, sólo le reportarían una satisfacción absolutamente perecedera. Cuando gastas tus días en perseguir los objetivos del ego, tu vida parece carecer de sentido. Cuando te guías por los propósitos de tu alma, tu existencia está tan llena que no necesitas nada más.

Es ahora cuando debes ponerte a tirar del hilo, a derrumbar *no verdades* y a desmantelar todos los falsos objetivos que marcaban el ritmo de tus días. Recuerda: para hacerlo requieres voluntad, valor, honestidad, paciencia y mucha atención.

Un truco que, aunque no vale para todo, sí te puede ayudar a descartar algunos caminos, es el siguiente: todo aquello que te aburra te está indicando que ahí no tienes nada más que aprender, ni nada más que hacer. O sea que cuando algo te aburra, abandónalo. Y no te excuses con eso de las obligaciones; ciertamente tienes responsabilidades, pero tu única obligación eres tú, ser feliz, vivir.

* La segunda dificultad es aprender a enfocar tu mente y tu energía. Actualmente uno de los problemas más acuciantes del ser humano es la dispersión a la que se ve sometida nuestra mente de forma constante. Este desenfoque tiene muchos efectos y ninguno es positivo. El mayor inconveniente de esta es que la mente se convierte en la enemiga del hombre, en lugar de ser su aliada. Cuando esto ya ha sucedido, la persona se pasa el día y la noche pensando en un millar de cosas sin

llegar a ser consciente ni de un 3% de sus pensamientos. Y lo que es peor, en ningún momento llega a tener un mínimo dominio de lo que su pensamiento está creando; con lo cual termina utilizando su poder mental en contra de sí mismo. Más adelante, cuando tenga que enfrentarse a sus propias creaciones, se quejará y no entenderá porqué le está pasando tal o cual cosa; obviamente habrá olvidado que fue lo que su miedo, su alteración, su obsesión o su confusión sembraron en su pasado.

Desde la más remota antigüedad se ha marcado la importancia de realizar unas prácticas sistemáticas para llegar a tener un dominio sobre la mente. Actualmente, en medio de la velocidad de esta sociedad enferma, se han olvidado todos lo principios fundamentales que cargaban de sentido nuestro paso por esta Tierra. Se nos ha enseñado, durante demasiado tiempo, a poner el poder y la responsabilidad en manos externas, a adormecernos, a ocupar el tiempo en cualquier cosa menos en nosotros, a sacrificar lo profundo, lo cardinal, en pos de lo superficial, de lo fútil... En fin, se nos ha adiestrado para que nos alejemos de nuestro centro y nos dejemos dominar por las circunstancias; para que olvidemos nuestro propósito de vida y nos adecuemos a la recreación del infierno de la supervivencia. Y mientras tanto, permitimos que nuestra mente crea que somos capaces de controlar algo, asegurándonos así una vía directa hacia la frustración y el estrés. Pero lo importante es que esto puede cambiar. A riesgo de repetirme, diré que con paciencia y disciplina podemos domar nuestra mente hasta volver a contar con su tremendo potencial en nuestro favor, y no en nuestra contra.

Prácticas

1 Sitúa una vela encendida de forma que la llama quede a la altura de tus ojos (en medio), a una distancia aproximada de 60 centímetros. Concentra la mirada en la llama, céntrate en una respiración profunda y pausada y mantén en la mente, como única idea la llama de la vela. Observa la llama, siente la llama, respira la llama, sé la llama,…

Puedes hacer el ejercicio mirando cualquier otra cosa; propongo una vela encendida porque el fuego tiene un fuerte poder de atracción hacia el hombre y eso hace que la práctica resulte más sencilla.

Frecuencia:

Diariamente durante 10 minutos.

Al comenzar este ejercicio, como cuando uno pretende en los inicios hacer algún tipo de meditación, la mente no colaborará. Al contrario, emergerán un montón de pensamientos intrascendentales e inconexos. Es básico no darle importancia a esta reacción cansina de la mente. Deja que cada pensamiento que surja se aleje por sí mismo, no le des ni tu tiempo, ni tu energía y por supuesto no abandones. Es sólo cuestión de práctica hasta que tu mente se disponga de la forma apropiada y colabore contigo. Solamente tienes que persistir y no descalificarte por lo no conseguido. Recuerda que la paciencia es esencial y recuerda también que todo el que lo intenta de verdad, el tiempo suficiente, lo consigue.

Lograr enfocar totalmente la mente en este tipo de ejercicios es imprescindible para aprender a adiestrarla y orientar,

Del ego al ser

de la forma adecuada, su tremenda energía. No hay atajos que permitan saltarse este tipo de inicios; si no quieres dedicarle tiempo y atención a tu mente hasta que el guirigay y la confusión a la que está constantemente sometida se desvanezcan, el resto del camino no podrás andarlo, al menos no podrás andarlo de la forma adecuada.

Es imprescindible aprender a mantener un silencio interior, ordenar los pensamientos de uno en uno y dirigir la atención mental a aquello que tú decides, en lugar de ser movido por su constante ajetreo. Así, no sólo no desperdiciarás energía, sino que podrás escucharte con muchísima más claridad y sabrás discernir lo que procede de tu intuición y lo que sólo expresan tu ego, tus voces mentales o tu emoción.

Adiestrar la mente es el paso previo e imprescindible si quieres tener un sereno dominio sobre tus emociones. Así no tendrás que temer a las circunstancias pues, además de crear de forma consciente lo mejor para ti, pase lo que pase, lo vivirás desde la calma necesaria para que el crecimiento y la felicidad se den.

2 Comienza esta práctica sólo cuando hayas logrado un dominio en el primer ejercicio.

Céntrate en tu tercer ojo, en tu entrecejo, e inspira (como si pudieras hacerlo a través de él), absorbiendo paz, claridad y prana. Concentra tu energía y, al exhalar, permite que de tu entrecejo salga un camino de luz que sea un reflejo del enfoque de tu energía y de la línea a seguir para alcanzar tus propósitos.

Frecuencia
Tantas veces al día como sientas tu energía dispersa.

La distracción y la dispersión son herramientas del ego mal educado, de la mente confusa y dominante. La distracción genera una grave falta de fe en ti mismo, en tus motivaciones y en tus intenciones. Y a pesar de que actualmente sirva como la gran excusa ante las obras no concluidas y el desasosiego, debes recordar que lo que pretendes es convertirte en el héroe. Lo que buscas es ser feliz y ya has comprobado que moviéndote con desenfoque y desparrame mental y energético no lo vas a conseguir. Además, sólo cuando cierras el círculo que tú mismo has abierto e iniciado, puedes descubrir lo que has avanzado. Si dejas los caminos a medias, nunca serás consciente de los pasos que sí habías dado. Lo no concluido genera fugas energéticas que son como ventanales abiertos por los que perdemos la energía vital. A mayor número de fugas, mayor dispersión, mayor desgaste, menor rendimiento y más frustración.

Se supone que te has comprometido contigo mismo, no te decepciones.

3 Cuando tengas que dilucidar si un objetivo nace de tu ego o de tu alma, responde con honestidad a las siguientes cuestiones:
- ¿Para qué deseo alcanzar este objetivo? (Recuerda no responder con porques)
- ¿Está en mi mano conseguirlo? (Ten en cuenta que si en tu objetivo hay segundas o terceras personas implicadas, es posible que alcanzarlo no dependa de ti.
- ¿Dispongo de los talentos necesarios para lograrlo?

- ¿Estoy dispuesto a pagar el precio necesario y a renunciar a lo que corresponda renunciar?
- ¿Cómo me hace sentir desearlo (física, mental y emocionalmente)?
- ¿Qué pasaría si lo lograra, cómo me sentiría, en qué cambiaría yo o mi vida?

Si al responder a estas cuestiones te das cuenta de que no tienes un para qué, que no depende de ti conseguirlo o que no dispones de los talentos necesarios, si no estás dispuesto a pagar el precio necesario o si al jugar a sentirte como si ya lo hubieras logrado, lo que se despierta en ti es algo similar a la euforia, es muy probable que se trate sólo de un objetivo del ego y no de un propósito del alma.

CAPÍTULO 4
DEJA DE TOMARTE EN SERIO

*"Una persona sin sentido del humor
es como una carreta sin amortiguadores:
se ve sacudida por todas las piedras del camino."*

Henry Ward Beecher

*"Los ángeles pueden volar
porque se toman a sí mismos a la ligera."*

Gilbert Keith Chesterton

Ha habido dos cosas que me han ayudado en esta tarea que supone dejar de tomarse en serio a uno mismo. Por un lado hay una frase que me acompaña desde hace años, es sencilla pero contundente y del todo cierta: "Esto también pasará". Estas palabras tan simples me han servido y me sirven, entre otras cosas para relativizarlo todo. Comencé a utilizarlas cuando las circunstancias eran complicadas y el dolor arreciaba fuerte dándome la oportunidad, aunque no lo pareciera, de aprender, de crecer, de avanzar. Me las decía recordando que en el pasado ya había tenido que lidiar con situaciones difíciles, de esas que te hacen pensar que no vas a poder, que vas a caer derrotado bajo su peso hasta la extenuación. Al verlas en la distancia lo único que importaba era que había logrado salir adelante más fuerte, más entera. La belleza y la sabiduría que traían las oportunidades se había quedado lo demás, aunque entonces pareciera imposible, había pasado.

Con los años empecé a repetirme esta frase también en los momentos álgidos. Ciertamente todo pasa y saberlo te puede ayudar a muchas cosas; entre otras a no quedarte atrapado en el sufrimiento, en los momentos malos y a vivir plenamente los buenos. Cuando te das cuenta de la intemporalidad de los sucesos, de que la única estabilidad es la inestabilidad constante, de que todo se relativiza si cambias tu ángulo de visión, cuando te das cuenta de que todo lo que sucede no es más que un gran juego de rol... de repente tus vivencias pierden el peso con el que las cargas "porque te están sucediendo a ti", y entonces las puedes observar con objetividad y sobre todo las puedes vivir con una sonrisa.

La otra cosa que me ayudó a dejar de tomarme en serio fue darme cuenta de que tener razón era agotador, limitante y por supuesto inútil. Las personas intentan con extremada fuerza tener razón, y aunque no lo sepan lo intentan sólo para que sus egos se sigan sintiendo seguros. Tener razón es una artimaña para intentar mantener el control que hace que obviemos que, en realidad, no hay nada que podamos controlar.

Fíjate, crees que tienes razón en cosas y casos en los que tus creencias y tus vivencias pasadas (generadas normalmente por tus creencias) te dan una base de seguridad. Por ejemplo, crees que los hombres o las mujeres son incapaces de ser fieles,

Del ego al ser

y cuando tienes una pareja, esta creencia te lleva, irremediablemente, a desconfiar y finalmente, casi con toda probabilidad, te llevará a vivir la experiencia de la infidelidad. Ahí te cargas de razón: ¡acabas de demostrarte a ti mismo que no existe otra verdad! Dentro de tu dolor, tu ego se ufana y te repite: "Te lo había dicho; te lo advertí." Lo que no te va a contar es que han sido tu creencia y tu propio temor los que han terminado abocándote a sentirte atraído por una persona infiel y, por tanto, a vivir esa realidad. Lo que seguro que no te va a decir es que mientras te empeñes en mantener esa creencia, no podrás descubrir que todo puede ser diferente. Y de lo que no te das cuenta, mientras te mantienes elevado sobre tu razón, es de lo triste que es justamente tener razón, de lo lamentable que es no permitir que la vida te demuestre que estabas equivocado, que todo puede ser de otra manera.

Hay cosas lógicas, todos sabemos que un bebé no puede caminar antes de gatear, y supongo que siempre será así, pero si te paras a observar nadie pretende tener la razón en ese tipo de cosas. Las obviedades o las pequeñas verdades de la naturaleza no son pasto del ego. Observa cuáles son los pedestales sobre los que se erige tu razón y destrúyelos, sin piedad. Tener razón no es interesante ni enriquecedor, simplemente es triste. La realidad es absoluta, al contrario de las verdades personales, que suelen ser refutables. ¿Qué haces intentando imponerle tus verdades a los demás? ¿No será que lo que pretendes es demostrarte algo a ti? ¿O sólo tratas de evitar saber cuán vulnerable eres más allá de tu personaje y sus murallas? Si es esto último, recuerda que los grandes guerreros encuentran su fuerza sólo cuando descubren y aceptan su vulnerabilidad.

Tener razón te hace anquilosarte en el personaje mutilado e irreal que te causa infelicidad. Tener razón te aleja de la verdad. Tener razón te impide adaptarte, descubrir nuevos horizontes, hacerte preguntas que te aporten nuevas informaciones, hallar soluciones a tus viejos planteamientos o a tus males; en definitiva, te impide ser feliz. Tener razón te hace cargarte de importancia y, sin duda, cuando te cargas de importancia te tomas a ti mismo demasiado en serio. Y esto nos lleva al quid de este capítulo…

A lo largo de mi vida he observado cuánto le preocupa a la gente lo que los demás piensan de ellos. Hace años que ver esto me resulta muy curioso. Parece un chiste, todos preocupados por lo que los otros pensarán de sus vidas o sus aspectos, sin darse cuenta de que los otros están atrapados en la misma preocupación. Demasiado ocupados mirando su ombligo, no perciben que, al lado, hay alguien más. Esa tragedia en la que se juzga a los demás por no reconocer lo que haces por ellos, cuando ellos no te han pedido lo que estás haciendo... Esa pérdida de energía en la que intentas adivinar lo que van a pensar, en lugar de prestar atención a lo que sucede en tu interior. Esa paradoja, en la que se funden los complejos de inferioridad con la estúpida sensación de que eres tan increíblemente especial que todos van a estar pendientes de ti. Ese desatinado desgaste que sólo sirve para desviar tu atención y echar las culpas fuera. Ese irracional empeño en no asumir la responsabilidad y dejar todo el poder en manos externas, sean conocidas o desconocidas. Ese sufrimiento gratuito que acaba impidiendo descubrir lo relevante, que acaba destruyendo la risa e incluso la sonrisa. Ese cúmulo de sinsentidos que perduran en el tiempo, y termina por agotar a las personas y someterlas a una ansiedad crónica. ¡Esa gran mentira! Me parece el colmo del absurdo.

Mientras las personas van cayendo, sin siquiera planteárselo, en esta trampa arraigada en el inconsciente colectivo, la mente va perdiendo la perspectiva y rápidamente se alía con el ego en una improductiva empresa: crear y mantener un personaje limitado y absolutamente ficticio. Un reflejo vacío de lo que se supone que cada cual debería ser. Un disfraz tejido de *no verdades* que impiden alcanzar la serenidad. Un cúmulo de reiteraciones temerosas que termina siendo incapaz de tener claridad y libertad y que acaba sintiendo tal horror ante la posibilidad de su extinción (única forma de liberar y manifestar la esencia real individual) que se aferra a cada pequeño detalle, por mezquino que sea, con tal de sentirse importante. Da igual saber a nivel intelectual que esto no sirve para nada, el ego se defenderá diciendo que él sabe, que no hay otra forma de vivir, y cargará cada cosa de una relevancia absurda para mantener presas a la atención y a la consciencia.

Si, por un momento, fueras capaz de darte cuenta de que independientemente de las circunstancias, el mundo no gira en torno a ti; que la gente te prestará atención (si es que llegan a hacerlo) durante un solo instante y después te olvidarán; si llegaras a sentir que nada de lo que te puede suceder es tan poderoso o trascendental como para hacer que tu alma llore; si recordaras que todo, absolutamente todo, pasa, y te permitieras observar la escena desde otro lugar que no fuera el del protagonista... Entonces podrías comenzar a dejar de tomarte en serio. Te aseguro que la experiencia es gratificante y del todo liberadora.

Cuando te descargas de importancia y te das cuenta de que no

Virginia Blanes

tienes nada que demostrar, ni siquiera a ti mismo, los días y los acontecimientos, los pensamientos y las relaciones pierden peso y ganan en brillo. Desde esa nueva forma de vivir te enriqueces con cada cosa que te pueda llegar a ocurrir y, lo que es más importante ¡te ríes! Sí, recuperas el poder de la risa, que te permite caricaturizarte a ti mismo y a todo lo demás. Así es mucho más difícil llegar a caer en el sufrimiento. Porque el sufrimiento es sólo una opción. Aunque todos podemos experimentar el dolor, es el apego a este sentimiento y la incapacidad de comprender los sucesos lo que impide que se diluya y lo prolonga en el tiempo, hundiendo las nuevas posibilidades y los avances naturales. Pondré un ejemplo muy básico. Imagina que un amigo, sin querer, te hace un corte en un brazo. En ese momento en que estás sangrando sentirás dolor pero, como todo, con una buena cura y un poco de tiempo, tu brazo habrá cicatrizado y la vida habrá continuado su imparable danza. Ante un caso como este (y ante cualquier otro) tienes dos opciones: permitir que tu brazo se cure y seguir adelante, o pasarte el resto de tu tiempo recordando el daño que te hizo, regodeándote en la sensación ¡qué encima fue provocada por un amigo! Hasta perder de vista todo lo demás. Incluso puedes guardar ese suceso aislado en el cuarto de las ratas, ese al que vas cada vez que te sientes mal, pequeño, indefenso… Y si lo guardas allí, lo activarás cada vez que huyas a tu oscura habitación, y te reafirmarás en la creencia de que la vida es injusta, abrumante y demasiado dolorosa para ti.

Espero que el ejemplo haya servido para clarificar la diferencia entre el dolor, que es ese sentimiento innegable y común a todo ser vivo, y el sufrimiento, que es sólo la opción de algunos. No importa el calibre de tu suceso, te aseguro que en estos años

Del ego al ser

he visto personas con existencias realmente duras que nunca perdían ni la sonrisa, ni el humor, ni la fe en la vida y en sí mismos, y a muchos otros empeñados en sufrir sin ningún motivo.

Recuerda que uno de los grandes objetivos es reconstruir tu personaje y derrumbar las *no verdades* que te limitan y te sumergen en la ansiedad y en la confusión. Si para ello es imprescindible la honestidad, no es menos indispensable el sentido del humor. Si cuando descubras lo que descubras de ti eres capaz de reírte, podrás transformar los aparentes defectos en dones con mucha más rapidez. Si por el contrario optas por machacarte, preguntándote con seriedad cómo es que has sido capaz de hacer o no hacer tal cosa, las energías que ha generado ese aparente error se enquistarán, y tú sólo habrás conseguido cargarte de más importancia. Lo cierto es que el peor enemigo de los seres humanos son ellos mismos. A menudo observo cómo mis alumnos se fustigan, con una dureza de la que yo no sería capaz, por repetir patrones que no les benefician o por no integrar otros más positivos. Esa actitud para lo único que sirve, es para dar más motivos de saña a tu ego contra ti. El humor, sin embargo, aliviana los sucesos. Si además lo mezclas con ternura, obtendrás una mezcla mágica para el avance y la felicidad.

De veras que ofuscándose en los procesos personales, deja de vivirse la vida. Cuando cargas de importancia lo que te sucede o lo que crees que te está sucediendo densificas la energía, la dotas de muchísimo peso y te quedas atrapado. Estancas la fluidez natural de la vida y abres la puerta a los más duros pesares, pues te mantienen sumido en las tinieblas y en la incapacidad de obtener una visión de conjunto que te muestre cuán pequeña es cada cosa en el entramado de la realidad.

Seguro que conoces gente que lleva cinco o diez o quince años lamentándose porque su pareja la/o dejó por otro/a. Su vida se paró en ese momento, en ese acontecimiento tremendo que le estaba sucediendo en primera persona. Después de eso, pasara lo que pasara, ya nada volvió a merecer la pena. Esas personas, incluso frente a otro ser humano que haya pasado por lo mismo, o por circunstancias aún más dramáticas, son incapaces de dejar de cargar con todo el peso y con toda la importancia que sean capaces de darle a su vivencia, porque, al ser la suya, es mucho más fatídica que cualquier otra. Y encima, utilizan sus lamentos para llamar la atención, para intentar dar pena, para buscar que alguien se ocupe de rescatarlos del sufrimiento que ellos mismos, y no sus ex-parejas, se han generado.

Otro caso muy normal es el de aquellos que, cuando no reciben lo que con urgencia desea su ego, descalifican con toda la dureza de la que son capaces a quien debería, según ellos, cubrir sus necesidades o prestarles atención. Este tipo de persona es incapaz de empatizar. Ni siquiera pueden pensar que los demás también tienen una vida llena de sucesos. Si ya es complicado llegar a intuir el conjunto de circunstancias del otro, resultará mucho más difícil si sólo ves lo que crees que tiene relación contigo, o lo que consideras que te afecta a ti.

También está esa gente muy desagradecida que, después de recibir mucho de alguien, un día se topa con una negativa, o simplemente no reciben lo que esperan. A partir de ese momento, olvidan todo lo recibido y juzgan y descalifican a quien no ha cumplido una vez su deseo, sin ni siquiera plantearse si es que no lo podían cumplir. Y desde luego, sin registrar la oportunidad que les están regalando al no cumplirlo. Porque siempre que no logramos un deseo, estamos obteniendo un bien mayor o, al menos, una oportunidad de alcanzar un bien mayor.

Sólo tú puedes elegir entre convertirte en la víctima de tus circunstancias o sacarles el mayor partido, mirar desde fuera, como si no te estuviera sucediendo a ti, y gozar de la vida. Disfrutar de esa realidad tan enorme que se nos desvela en pequeños retazos cuando estamos dispuestos a jugar es nuestra responsabilidad. Deleitarse en ese plan mayor que rebosa magia y resulta incomprensible ante la subjetividad del ego. De ese rompecabezas que se va transformando con independencia de nuestros deseos y que no requiere que lo expliquemos, ni que lo justifiquemos, ni que lo comprendamos. Ese que sólo requiere de nuestra presencia y de nuestra divina intención de Ser y de hacer lo que realmente debemos hacer.

Seguro que ya has tenido la oportunidad de darte cuenta de que cada cosa es como debe ser para que alcances tus auténticos propósitos (los de tu corazón, no los de tu ego). Es por ello que tienes el deber de aprovechar todo lo que la vida te ofrece en el tiempo presente. Ver en perspectiva cómo se hilaron las circunstancias para que hayas podido llegar a donde estás es, cuando menos, asombroso. Dentro de un tiempo podrás hacer lo mismo con lo que está llenando ahora tus momentos. Nada es casual. Todo es temporal. Por eso no te empecines en explicar tu vida; puedes intentar comprenderla, pero sobre todo afánate en vivirla. Recuerda que la vida es un juego, deja de competir y date el permiso de deleitarte. Agradece por lo que tienes y deja de quejarte por lo que crees que te falta. Sí, vive cada día como si fuera el último, pero, sobre todo, vive cada día como si fuera el primero, sin lastres ni caretas, sin rencores, sin dolores, sólo con el corazón abierto y la disposición máxima a entregarte, a ser lo mejor que puedas ser.

Prácticas

1 Cada vez que quieras tener razón detente y observa cómo te sientes y para qué quieres tener razón. Es posible que descubras que tu necesidad de tener razón es una forma reactiva de defenderte ante un temor o ante la posibilidad de sentirte herido. Sea como sea, espero que llegues a darte cuenta de que no merece la pena, de que la energía que debes gastar en tener la razón no reporta ningún beneficio.

2 Sonríe a la vida cada mañana y ábrete a recibir lo mejor que ese día tenga para ti. No juzgues lo que llega, sólo disfrútalo.

3 Ríete de ti mismo, de tus circunstancias. Ríete incluso cuando estés llorando. La risa (cuando es natural) aliviana el peso de los órganos y ayuda a que nuestra energía fluya y se desencostre. La risa te ayuda a dejar de tomarte en serio y te recuerda que todo es un juego en el que cada cosa pasa, dejando en su rastro sólo lo esencial.

4 Sé empático. Ponte en el lugar del otro para adquirir otra perspectiva. Esto no es sencillo porque desconoces el cúmulo de circunstancias que han formado la personalidad y la existencia del otro sin embargo, debes intentarlo. Juega a mirar desde unos ojos que no sean los tuyos, así descubrirás en una misma situación toda una gama nueva de color.

5 Por último, te voy a proponer un juego que pongo como deberes en algunos de mis talleres. Me consta que aquellos que se atreven a hacerlo obtienen muy buenos resultados. Es el juego de los personajes, y consiste en ser un perfecto actor en la vida cotidiana. Verás, es tan sencillo como complicado, pues lo único que tienes que hacer es decidir cada día qué energía o qué tipo de persona quieres ser. Por ejemplo, un día puedes elegir ser un/a niño/a mimado/a, otro puedes ser una víctima, otro un manipulador, otro un mago, otro día puedes dedicarlo a decir sólo la verdad, otro a decir a todo que no, etc. En esta lista no hay fin. Pero eso sí, tendrás que hablar, caminar y comportarte durante todo el día como si fueras totalmente el personaje o la energía que has elegido.

Si realizas esta práctica descubrirás la de registros que hay dentro de ti a los que no les estabas sacando ningún partido. Cuanto más lo hagas, más te divertirás, más aprenderás de ti y de lo relativo que es todo y más te sorprenderás con las insospechadas reacciones de las personas con las que interrelaciones.

Este también es un ejercicio ideal para ir develando las *no verdades*.

CAPÍTULO 5
ERES EL CREADOR DE TUS CIRCUNSTANCIAS; ASÚMELO.

"Todo lo que somos es el resultado de lo que hemos pensado."
Buda

"Las cosas no cambian; cambiamos nosotros."
Thoureau

"No podemos resolver problemas pensando de la misma manera que cuando los creamos."
Einstein

A estas alturas en que la información básica está al alcance de cualquiera, seguro que has oído hablar de tu poder creador, de tu dios interior, del poder de la mente y del verbo, y de todas esas verdades a menudo ignoradas por comodidad, o porque a los neófitos les resultan demasiado simples como para darles la importancia que en sí tienen. Bien, no es mi intención redundar en lo que otros han dicho. Lo que pretendo en este capítulo es que repares en lo que sucede cuando prefieres ignorar tu poder creador por deshábito, por inconsciencia, por pereza, por impaciencia o por el motivo que sea.

Todos y cada uno de nosotros somos energía en constante movimiento. El motor de esa energía y de su movimiento es nuestra mente. Y dentro de esta, lo que ordena hacia dónde y de qué forma ha de concretarse y manifestarse esa energía es nuestra voz. No importa que no expresemos en voz alta; aunque estemos callados nuestra voz, bueno, nuestras voces interiores, siguen parloteando sin cesar. Pensamos en palabras. Permíteme que haga un inciso para darle la importancia que se merece al verbo, a nuestro verbo. Se dice que Dios creó el Universo desde el verbo e, independientemente de la veracidad que queramos darle a esta aseveración, lo cierto es que nosotros sí creamos nuestro propio universo desde el verbo. Verás, por un lado nuestra percepción sobre nosotros mismos está directamente relacionada con cómo nos oímos. Los tonos graves denotan madurez, los agudos denotan inmadurez y son típicos, sobre todo, en "las defensas del ego". Fíjate como el tono de tu voz se vuelve más agudo y chillón cada vez que reaccionas, que te enfadas, o que te pones a la defensiva; a eso me refiero con "las defensas del ego".

Si te detienes a observar, te darás cuenta de que somos muy vulnerables a los sonidos y a las inflexiones de los que hablan a nuestro alrededor. Presta atención a cómo un sonido externo, o las distintas entonaciones en las voces de los demás, puede influir en tu estado anímico. Sucede exactamente lo mismo con los tonos que utilizas cuando expresas en voz alta y con los que resuenan dentro de tu cabeza cuando estás pensando. Aprender a jugar con todos los colores de tu voz, tanto a nivel verbal como a nivel mental, es muy divertido, pero además es muy útil para llegar a movilizar la energía de una forma apropiada. Es importante aprender a hablar desde "las tripas", proyectando la voz con la energía que emerge desde Jara y no desde el estómago, o sólo desde la garganta. Así te percibirás asentado, seguro y además evitarás tener problemas en las cuerdas vocales, en la garganta e incluso en las tiroides. También es recomendable hablar despacio, de forma modulada y sin gritar.

Aún queda otro tema respecto al sonido. ¿Verdad que cuando hay demasiado ruido o demasiadas personas alzando la voz a la vez, te alteras e incluso te bloqueas o te entristeces? Bien, pues con atención y disciplina te darás cuenta de que dentro de ti hay un montón de voces diferentes hablando a la vez. Cada una con su propia entonación, cada una con sus anhelos, con sus miedos, con sus órdenes,... Entre todas forman tal guirigay que difícilmente se las puede entender y mucho menos atender. Pero el hecho de que no seas consciente de ellas no las va a acallar, al contrario. Cuantas más voces hablen sin cesar en tu interior, mayor es la posibilidad de que padezcas estrés o ansiedad y desde luego mayor será tu confusión y finalmente tu ofuscación. Y lo que es peor, esas voces (que no son otra cosa que energía en forma de verbo, por lo tanto son energía manifiesta) repiten y repiten, sin descanso, cosas que terminan convirtiéndose en tu realidad. Ahora puedes pensar que llegar a detectar por separado a esas voces o silenciarlas o cambiar su diálogo es harto difícil pero, desde mi punto de vista, lo que sí es verdaderamente difícil es vivir sometido a ese ruido constante que, por otra parte, es en última instancia el brazo ejecutor de tu dios interior. Si quieres cambiar tus circunstancias tendrás que responsabilizarte, y de nuevo te diré que tendrás que disciplinarte y cargarte de paciencia para transformar el caos en el que hasta ahora has ido creando tus circunstancias.

La magia del verbo es una de las herramientas más poderosas de las que dispones. La vida es magia y tú eres un mago. Por eso, no bastará con que desees algo o pienses que mereces alguna cosa. No es suficiente con tener una buena intención cada mañana. Todo eso está muy bien, pero si el resto del día tus vocecitas están repitiendo que no podrás, que en el fondo no te lo mereces o simplemente están hablando de cosas que no tienen nada que ver con tu propósito, la energía actuará en consecuencia porque la energía sí es coherente y se manifiesta de la forma adecuada al ordenamiento de tus pensamientos más profundos, no de tus deseos inmediatos o efímeros. Dicho de otra forma mucho más simple, si cada mañana te obligas a pensar algo como "Soy abundante" y pasas el resto del día sin tener conciencia de las voces insidiosas que, en tu mente, repiten cosas como: "El mundo está fatal, no voy a encontrar trabajo"; o "Tengo que ahorrar para cuando vengan las vacas flacas"; o "No merezco que me vaya tan bien"; u otros pensamientos o creencias de este estilo, lo que se manifestará será aquello que más peso tome a fuerza de repetición y de energía invertida en su movimiento, aquello que sea resonante con tus creencias y con tus miedos y no aquello que repites como un lorito porque alguien te ha dicho que funciona. Así de sencillo mientras sigas sin poner atención a lo que sucede en tu interior y sin tomarte el tiempo necesario para trabajar en ti y en tu crecimiento, seguirás siendo una víctima de ti mismo y de tus circunstancias manifiestas.

No es una cuestión de esfuerzo; ten en cuenta que cuando te esfuerzas, normalmente entras en lucha con lo que se opone a tu avance desde tu interior (miedos, creencias, costumbres, etc.) Es más bien una cuestión de intención, de enfoque y de atención. No guerrees contra tus miedos, no te impongas metas para demostrar nada a nadie (a ti mismo tampoco), no te empeñes en cosas que en el fondo no van contigo o no te van a aportar nada. Sólo comienza prestando atención a lo que sucede dentro de ti y a tu alrededor, atiende a las voces que demandan tu ayuda dentro de ti y ve encontrando espacios de silencio donde poder trabajar, donde poder comenzar una siembra diferente, una faena que te sirva para crecer y ser mejor, mientras ganas en serenidad. Sin prisa, recuerda que lo que no has hecho hasta ahora no puede ser logrado en un instante. Y sobre todo recuerda que el hecho de no tomar el tiempo para crear con consciencia y con intención no quiere decir que no estés poniendo en acción tu poder creador. Siempre estás creando, aunque culpes a los otros de tus circunstancias, estas son tu obra. Saca partido de lo que ya has cosechado y disponte a hacerlo mejor la próxima vez.

Hay dos frases mágicas que merecen ser mencionadas en este capítulo. La primera dice: "No hay cosas imposibles, pero hay cosas improbables". Es por esto recomendable que comiences experimentando dentro de tu esfera de probabilidad. El mago amplía considerablemente su ámbito de probabilidad y tú, con algo de tiempo y mucha disciplina, también podrás hacerlo, pero comenzar enfocándote en algo improbable sólo te servirá para boicotearte.

La segunda es la gran maldición: "Que Dios te conceda todos tus deseos". Aunque a muchos les pudiera parecer absurdo, si el Universo o la vida nos concedieran todos nuestros deseos, nos volveríamos locos y no tendríamos la posibilidad de crecer.

Virginia Blanes

En verdad, los grandes magos no albergan deseos, se dedican a disfrutar de sus vidas, no a anhelar lo que no tienen. En cualquier caso, procura ser comedido con lo que deseas, con lo que decretas y con aquello en lo que te enfocas.

A este respecto, me gustaría comentar un hecho que, por mucho que vea de forma repetida, no deja de llamarme la atención. A lo largo de mi vida me he encontrado con mucha gente de la que para este caso haré una distinción muy global en dos únicos grupos: los que lo tienen fácil y los que no. Como digo, no deja de sorprenderme cómo la gente del primer grupo, esos que han tenido una familia que les ha apoyado a todos o casi todos los niveles, que gozan de buena salud, que han tenido muchas oportunidades, que reciben de forma continua regalos de la vida y/o de otras personas... suelen ser personas bastante desgraciadas o, cuando menos, quejicosas. Para pertenecer a este grupo no hace falta ser Paris Hilton, no tiene que ver con la cantidad de dinero que haya en tus arcas, sino con el compendio de pequeñas cosas que te han permitido y te permiten vivir bien. Como digo, la inmensa mayoría de los que forman este grupo están tan acostumbrados a lo fácil que ni siquiera registran sus privilegios y su abundancia y, simplemente, pasando por alto lo que tienen, piden más y más y más.

En el segundo grupo también hay mucho quejica, bueno parece que es el "deporte mental" de moda; pero lo cierto es que aquellos que no han tenido tanta ayuda y están acostumbrados a poner lo mejor de sí mismos para conseguir cualquier avance no sólo no se lamentan de lo difícil de sus condiciones sino que, además, suelen ser muy agradecidos. Y, a diferencia de los del primer grupo, no olvidan a aquellos que les han tendido una mano o les han hecho algún favor. Curioso ¿verdad? ¿A qué grupo perteneces tú?

Hay una tercera cosa, también relacionada con la magia que es imprescindible reseñar aquí: en ningún momento y en ninguna forma debemos utilizar nuestro poder creador para interferir en los procesos de los otros. Esto normalmente despierta controversia en los que me han escuchado decirlo en mis talleres, pero la explicación es muy sencilla. No sabemos por qué o para qué le está sucediendo algo a alguien. No importa cuán ligados estemos a ese alguien, o cuán duro parezca ser el proceso para esa persona o para nosotros. Lo único fundamental aquí es que no tenemos la capacidad para discernir la totalidad del asunto. Y sobre todo, que interferir en los procesos de los demás es siempre, siempre, "magia negra". Por ejemplo, si le pudiéramos ahorrar a alguien una enfermedad, podríamos estar quitándole una oportunidad de crecer, de descubrirse desde otra perspectiva, o de un montón de cosas más que se escapan de nuestro conocimiento. Aquí no sirve como excusa el amor, pues cuando realmente amamos otorgamos al otro la más absoluta libertad para hacer lo que deba, aun a riesgo de que se equivoque, aun a riesgo de que su trayectoria no coincida con la nuestra.

Por último, para crear de una forma apropiada tendrás que aceptar la imperfección. Me explico: la perfección no existe, no es más que un concepto limitado y variable según cada mente y cada momento. Sin embargo, la idea utópica de la perfección puede generar la paralización de las energías creativas. Dicho de otro modo, como no vamos a alcanzar la perfección con nuestras creaciones, ni siquiera ponemos intención de hacer algo nuevo, diferente y, aunque relativamente imperfecto, vivo y hermoso.

Lo que deberías hacer es buscar la armonía y darte cuenta de lo útil que es el proceso de creación en sí mismo. Cuando te sitúas desde estos prismas, terminas manifestando lo que eres; ese es el objetivo fundamental de tu alma ¿Qué puede haber más importante?

Prácticas

1 Observa detenidamente tus circunstancias y determina cuándo las sembraste, desde qué tipo de energía las creaste y para qué.

Es fundamental que no te juzgues ni critiques si lo que hay en tu presente no te gusta. Es tan importante como que asumas tu responsabilidad y no culpes de esas circunstancias a los demás.

2 Haz una lista con las cosas que te gustaría cambiar. (Recuerda ser coherente y comedido; aunque no hay límite para los sueños, la mejor forma de boicotearse es comenzar intentando cosas que en este momento están fuera de tu alcance o no son adecuadas para ti).

Una vez tengas la lista, prioriza tus objetivos. Ahora sólo tienes que dedicar cada mañana unos minutos a enfocar tu energía en el primero de ellos, con la fe absoluta de que si es lo mejor para ti, lo vas a conseguir de una forma fluida.

A lo largo del día enfoca tu pensamiento, tu verbo interno y por tanto tu energía, tantas veces como sea posible, en ese objetivo. Es imprescindible que no lo hagas con impaciencia o preocupación, pues son dos energías que estrangulan las vías de manifestación e impiden el logro. Sólo regocíjate en la fe de saber que tu objetivo ya está tomando forma en tu vida.

Por la noche, antes de ir a dormir, da las gracias por ello.

3 Este ejercicio resulta muy sencillo en cuanto adquieres un poco de práctica y, sobre todo, es muy eficaz para poner serenidad en la mente y en la multitud de personajes que conviven en nuestro interior.

Elige un momento y un lugar tranquilo para empezar. Toma una posición cómoda y cierra los ojos. Imagina que estás sentado, completamente solo, en una butaca de un teatro. El telón está cerrado ante ti y, antes de que se abra debes, con mucho amor, dejar claras las normas, que son dos: que cada personaje vaya saliendo de uno en uno por orden de importancia o urgencia (si estás estresado es mejor urgencia); y que no se griten ni se falten al respeto. Lo único que tú tendrás que hacer es observar, escuchar y hacer un par de preguntas sin juzgar nada de lo que veas o escuches. Debes permanecer todo el tiempo, suceda lo que suceda, observando con ternura, con amor.

Cuando estés listo pedirás que empiece el espectáculo. En el escenario deben presentarse aquellos de tus personajes internos que necesiten ser escuchados o atendidos por ti. Pongamos, por ejemplo, que aparece tu víctima interior. Cuando la veas, la sientas o la oigas, debes preguntarle "¿Qué necesitas?" No importa lo que te conteste, sea lo que sea no lo juzgues, sólo dile que tú se lo das y después vuelve a preguntarle qué más necesita. Repite la operación hasta que ese personaje esté calmado y te diga que no necesita nada más.

Si mientras está el primer personaje en escena aparece otro demandando tu atención o increpando al primero, dile que le vas a atender también a él y pídele que respete al que está hablando. Si siguen discutiendo pregúntales cuál de ellos tiene más urgencia, seguro que entre ellos encuentran un orden adecuado. Pero sobre todo comprométete a atenderlos a todos. Cuando "la función" haya terminado, o consideres que has atendido a suficientes personajes por hoy, da las gracias y di que seguirás atendiéndolos mañana o cuando sepas que vas a poder hacerlo.

Te aseguro que si llevas este ejercicio a la práctica te sorprenderá su efectividad. Para mí fue fundamental. Lo realicé diariamente durante algunos años y así logré disminuir mi ruido mental hasta dejarlo sólo en dos voces. Así comencé, entre otras cosas, a acercarme a la serenidad y alejarme totalmente del estrés.

5.1 LA LEY DE ATRACCIÓN

Esta ley determina que atraes aquello que es similar a tus vibraciones y frecuencia. Dicho de otro modo, atraes como un imán a aquellas personas y aquellos acontecimientos que son resonantes contigo. La relación entre seres de niveles vibratorios muy diferentes no se da, a no ser que sea de forma muy casual y realmente breve en el tiempo.

Esta es una ley lógica, que se encarga de la interrelación. Las personas que tienen una elevada frecuencia vibratoria están rodeadas de armonía, de personas apacibles, medianamente sabias o que, al menos, están en la búsqueda sin pensar que ya han llegado o que son especiales. Sin embargo, las que tienen una vibración baja, lenta y, por tanto, densa atraen a su vida el conflicto y, esto se debe solamente a que ellas viven en un constante conflicto interno. Las víctimas atraen verdugos, los iracundos generarán circunstancias para justificar sus estallidos de ira, los temerosos atraerán la manifestación de sus mayores terrores, los acomplejados atraerán a otros igual de acomplejados, que jugarán a ser jueces, y así sucesivamente.

Es por este motivo por lo que, cuando de verdad comienzas a adentrarte en el camino de la búsqueda y la evolución, se pasa por una fase de soledad en que todos los que estaban antes cerca de ti desaparecen. Es obvio, tu frecuencia vibratoria está cambiando, y ya no les resulta resonante, cómoda (ni a ti la de aquellos que tienen una frecuencia más alta o más baja que la tuya). Hace falta un tiempo para que la energía se reordene y las nuevas personas y las nuevas circunstancias "te descubran" y se acerquen. No obstante, el camino real es un camino de soledad y en él es esta: la soledad, la mayor de las maestras. Cuando te atreves a descubrirla, te das cuenta de que la soledad no es dolorosa ni dura. Cuando vas revelándote en tu completitud y las necesidades se van cayendo, descubres que es un estado natural. Llegamos aquí solos y nos vamos solos; por el camino podemos encontrarnos con algunos seres importantes que, tal vez, marquen nuestra trayectoria; podemos tener el placer de compartir con ellos algunos trechos pero nada más. La única pertenencia es la nuestra. Cuando te permites ir develándote en tu totalidad, cuando comienzas a percibir tu grandeza, no necesitas más, y la soledad, lejos de doler, comienza a ser un refugio de serenidad donde seguir aprendiendo, sobre todo de ti. Con esto no quiero decir que sea necesario aislarse; de hecho en las relaciones también tenemos un tremendo campo de aprendizaje. Lo que quiero decir es que es necesario que te liberes de las relaciones de dependencia, necesidad, rutina y conformismo. Debes retomar tu espacio para poder ser más objetivo. A menudo la capacidad creadora del individuo se ve castrada por las relaciones que mantiene, pero cada cual es el responsable de seguir con ellas y con sus apegos. Si una relación, del tipo que sea, es nociva para ti y te aferras a ella por miedo a la soledad o porque es lo "políticamente correcto", será casi imposible que avances en el sendero hacia ti mismo, que rescates tu poder creador y que alcances el éxito y la felicidad que mereces. Claro que no vale hacer trampas y abandonar a alguien poniendo toda la energía en que aparezca una nueva persona. Eso sólo serviría para repetir el mismo patrón; saldrás de un engaño para caer en otro idéntico o aún peor.

Sucede absolutamente lo mismo con las circunstancias, los trabajos, la abundancia, etc. Para que lo mejor se manifieste en la vida, no basta con pedir y esperar, hay que entrenarse, hay que estar en una forma óptima a todos los niveles, hay que mantener una buena higiene mental y energética. Para entrar en el paraíso, hay que tener alas y hay que saber utilizarlas. No se puede entrar allí con la frecuencia vibratoria densa y oscura de un ángel caído. Por eso ¡suelta el pasado y atrévete a ver y a vivir la vida con una mirada nueva! La vida es para los valientes ¡prueba! Atrévete a lanzarte a la vida como si no hubiera heridas que te hicieran tambalear la fe, como si no hubiera malos decretos grabados a fuego en tu memoria, como si simplemente merecieras lo mejor de lo mejor. Hazlo y te darás cuenta de que todo puede ser muy diferente, incluido tú.

No te conformes con leer un libro que te cuente que basta con escribir en un papelito lo que deseas. Responsabilízate, sé coherente, ve más allá, hasta donde tu corazón te pueda llevar. Y ten en cuenta que si algún tipo de circunstancia permanece en tu vida, a pesar de los cambios que crees estar haciendo, es sin duda porque tiene algo para ti. Algo que necesitas ver, comprender y probablemente transformar. Resistiéndote a observar y a aceptar esa circunstancia, sólo conseguirás perpetuarla en el tiempo. Preocupándote o juzgándola, sólo bajarás tu frecuencia, impidiendo tu propio avance y cerrando las puertas a los milagros. Una vez más, estar más cerca o más lejos de la paz solamente depende de ti.

Práctica

1 Revisa qué relaciones y/o situaciones mantienes en tu vida que te resultan insatisfactorias o incluso dañinas.

Cuando las tengas claras toma todo el tiempo que necesites y haz uso de toda tu honestidad para contestarte a esta pregunta: ¿para qué mantienes esa relación/situación? Si respondes como si estuvieras preguntándote por qué, sólo te estarás contando excusas. No te desesperes, no es sencillo llegar al fondo de esta cuestión, pero seguro que eres capaz, y conseguirlo te resultará del todo esclarecedor, sanador y liberador.

2 ¿Vives tu vida desde el optimismo, desde la exigencia, desde la queja, desde la expectativa, desde el miedo…?

Una vez que hayas definido las energías desde las que te mueves en tu día a día, observa honestamente los reflejos que estas generan en tu existencia.

5.2 LA FILOSOFÍA DE LA QUEJA

"El Samsara es la tendencia a encontrar faltas en los demás."

Naropa

No podía terminar este capítulo sin dedicarle un apartado especial a una conducta tan común como nociva que, por desgracia, se cuela en la psique de casi todos desde la más tierna infancia. Cómo no va a hacerlo, si los educadores y los padres, en general, están contaminados por esta tendencia tan venenosa. De hecho, muchos están tan intoxicados que ni siquiera son conscientes de cuánta energía desperdician en su reiteración mental y verbal. Estoy hablando de la queja. De esa actitud que pasa de ser una costumbre a ser casi una filosofía de vida, con la cual las personas son capaces de encontrar el fallo en cualquier situación y la tara en cualquier persona, obviando lo bueno de ellas. De esa insana práctica que encuentra siempre razones para pretender que los otros y el mundo cambien adaptándose a los propios deseos, aunque el sujeto ni siquiera sepa qué es lo que debería cambiar. De ese malévolo hábito que lleva a tanta gente que no es consciente de lo que tiene a no disfrutarlo, porque su mirada y su atención, están centradas sólo en lo que creen que aún les falta.

Partiendo de un ejemplo básico y muy mundano, podemos pensar en ese tipo de personas que entra como invitada a una bonita casa y, para no admitir su envidia, se entretiene criticando las cortinas. Según sus parámetros, o su forma de mirar, todo lo demás pasará, si no desapercibido, al menos a un segundo o tercer plano. No importarán la exquisita decoración ni los cómodos sofás, pero sobre todo, no importará la generosidad de los anfitriones al estar invitándola a su casa. Ya sólo importarán ¡las cortinas! Este ejemplo puede parecer un poco absurdo o puede confundirse con la crítica y el enjuiciamiento. Si elijo ponerlo, es porque la queja comienza por las cosas más tontas y, a menudo, se esconde o se funde con los juicios. No importa si las cortinas son de tu agrado o te parecen una horterada, lo importante es que alguien te está abriendo las puertas de su casa. Si dejas que tu mente cargue de importancia el color o la forma de las cortinas, esa misma mente tuya desperdiciará todo lo bueno que estés recibiendo y viviendo en esa casa. No importa lo que crees que falta en tu vida, sino lo que ya tienes.

Como he dicho, la queja te lleva a querer cambiar las cosas sin siquiera saber qué tienes; por lo tanto, sin disponer de tus propios recursos para la mejora o el avance. La queja te lleva a esperar que algo o alguien mejore lo que tu visión distorsiva te hace ver "mal"; te hace irresponsabilizarte, negativizarte y, sobre todo, te impide disfrutar. Quejándote, mientras esperas que el mundo y los demás se amolden a tus antojadizos deseos, te impides descubrir toda la riqueza que aportan la aceptación y la capacidad de adaptación.

Por mi trabajo he tenido y tengo que viajar bastante. Como todos los demás, cuando estoy en mi casa tengo unos hábitos y unas preferencias. Pero cuando salgo, todo eso se queda lejos, porque aunque no sepa dónde o con quién voy a estar, sí sé que no será igual a mi casa. Lo mejor de ser adaptable es que, en cada lugar, y de cada persona, puedes recibir cosas nuevas y puedes aprender. En cada situación, gracias a todo lo que las hace diferentes, puedes recordar que las posibilidades son in-

Del ego al ser

finitas y que la vida no es sólo como tú crees que debe ser. Si en lugar de abrirme a recibir, me dedicara a comparar esos lugares con mi casa y a esas personas conmigo, sólo perdería. Si me dedicara a quejarme por lo que me pudiera faltar o me pudiera parecer mal, desperdiciaría demasiados regalos. Incluso cuando he vivido situaciones gregarias y en otros casos hostiles, he mirado qué tenían para mí, qué podía aprender, nada más. Es más sano y mucho más enriquecedor adaptarnos que perder la energía en pretender que el mundo se adecue a nuestras carencias o a las necesidades de nuestro ego. Espero que con este ejemplo quede claro que cuando hablo de adaptación no hablo de conformismo.

Dejadme que ponga otro ejemplo de queja que viví cansinamente hace unos años, justo cuando empezó la crisis económica y aún no habían llegado los recortes. A mi consulta seguía llegando gente y, la mayoría venía con miedo a cómo pudiera terminar afectándole la crisis. Lo gracioso es que hubo un colectivo que siempre se quejaba, a pesar de la inalterabilidad de su estatus los funcionarios. Sí, en general, los autónomos, supongo que por el hecho de estar acostumbrados a buscarse la vida, no tenían tanto miedo como otros, pero sobre todo pusieron en marcha su ingenio para buscar alternativas a la posible crisis en lugar de quedarse quietecitos esperando tener motivos de queja. Los funcionarios en general, arrastrados por su letargo, se dedicaban a quejarse y a esperar lo peor de las posibles situaciones, sin darse cuenta de que su vida seguía siendo la misma.

Lo malo es que la queja está tan instalada en los programas mentales humanos que la gente ni siquiera es consciente de cuánto la usa. La usan para justificarse, para descalificar a otros, para mantener su infelicidad, para… Desde mi punto de vista, mientras una persona tiene buena salud, no tiene motivo alguno de queja, porque estando sanos somos capaces de conseguir o de mejorar todo lo demás. Además, ¿no es mejor disfrutar de lo que tienes, que lamentar lo que crees que te falta? ¿No es más enriquecedor agradecer que quejarse? Agradecer… otro concepto mal entendido. Para agradecer no basta con decir gracias. El agradecimiento es una actitud que, por desgracia, parece estar en extinción. En esta sociedad en que la mayoría de la gente promulga sus derechos y olvida sus deberes, es sencillo dar por hecho que mereces lo bueno que recibes y punto. Yo no lo veo así. Nadie tiene por qué hacernos favores. Los demás no tienen por qué servirnos, por qué facilitarnos el camino, ni siquiera tienen la obligación de querernos. Lo mismo podría decir de la vida misma, a pesar de su infinita generosidad. Sin embargo, los humanos, en general, se abren a recibir, olvidando rápidamente lo recibido. Esta es la filosofía popular de: "Más me das, más me merezco". Yo, por mi parte, prefiero el refrán que dice: "El que no agradece lo poco que tiene, no merece lo mucho que pide."

Pondré un ejemplo para clarificar la conducta habitual frente a la óptima, que sería la del agradecimiento. Hace tiempo conocí a una mujer que era muy afortunada, podría decir que era una mimada de los dioses y de la vida. Conseguía todo lo que pedía, siempre había alguien dispuesto a ayudarla en todo. En cierta ocasión decidió cambiar de profesión y, sin tener experiencia, logró que otra mujer le diera una oportunidad. Era un muy buen trabajo de educadora en el que, además, consiguió cobrar por hora un 30% más que sus colegas. Durante algunos años, que le sirvieron para aprender mucho de su nueva profesión, su jefa, además, le concedió varios favores para sus familiares. Pero un día, quizá por la inminente crisis o por cualquier otro motivo, la jefa decidió que no iba a seguir pagándole un 30% más. Entonces aquella mujer, olvidando todo lo recibido, se indignó. En lugar de mantener claridad sobre los regalos llegados para sí y para sus familiares, se polarizó en la exigencia, en obviar que su jefa tenía derecho a tomar la decisión que estaba tomando y que, aunque ella los desconociera, seguro que tenía sus motivos, no importa si eran correctos o no. Pero claro, ella quería más. No se paró a contemplar que, tal vez, su tiempo en aquella empresa había terminado. Que aquel trabajo había sido un fantástico campo de entrenamiento y ahora le tocaba seguir. Olvidó que le habían regalado, entre otras cosas, una maravillosa oportunidad, y sólo se quejó. La memoria de pez que el ser humano usa para el agradecimiento es lamentable. No nos damos cuenta de que tenemos tantos deberes como derechos, no menos. Y que si bien tenemos que agradecer cualquier privilegio logrado u otorgado, también tenemos que agradecer cuando no nos dan lo que pedimos, porque ahí también se esconden muchas bendiciones que nos permiten crecer y descubrir nuestras potencialidades.

Después de tantos años experimentando la espiritualidad en primera persona, de veinte años canalizando y viendo las sombras más profundas de mucha gente y de tantos años compartiendo cosas con tantas personas en mis talleres, estoy convencida que cada uno de nosotros, con el solo hecho de dejar de quejarnos y dejar de juzgar y criticar, cambiaríamos radicalmente nuestra vida a mucho mejor. Erradicar estas dos conductas es lo mejor que podemos hacer por nosotros mismos y por el planeta.

Practica

Detente y toma el tiempo que necesites para hacerte los siguientes planeamientos:

1 ¿Qué tipo de persona debes ser para alcanzar lo que quieres? O sea, ¿cuáles deberían ser tus comportamientos, tus valores, tus compromisos, tus actitudes, tus cualidades y tus talentos manifiestos para llegar a ser quién quieres ser y para lograr tus auténticos objetivos?

Sobre todo sé honesto y, después, cuando hayas contestado minuciosamente, sé coherente.

2 Detalla todo aquello que crees que te gustaría recibir o disfrutar en la vida.

Ahora detalla "el precio" que es necesario pagar para, de verdad, ganarse esos privilegios que crees que mereces.

De nuevo, plantéate honestamente si estás dispuesto a comprometerte y a hacer lo que debes para ser tan merecedor como crees que eres o como quieres ser.

3 Por último: ¿Estás sano? ¿Tienes para comer? ¿Tienes dónde dormir? ¿Hay en tu vida alguna persona que te quiere y alguna a la que amas?...

Teniendo salud física y mental, tienes todo lo que necesitas para lograr lo demás. Pero sobre todo deberías tener claro que, si tu respuesta a estas cuatro preguntas ha sido afirmativa, no tienes ningún motivo de queja, celébralo.

CAPÍTULO 6
CONVIERTETÉ EN UN SABIO

6.1 LA INOCENCIA

> *"Hay dos formas de vivir la vida: una es como si todo fuera un milagro. La otra es como si nada fuera un milagro"*
> *"El que no posee el don de maravillarse ni de entusiasmarse más le valdría estar muerto, porque sus ojos están cerrados."*
>
> Einstein

Lo primero que cualquier persona necesita para convertirse en un sabio es recuperar la inocencia. A priori puede resultar extraño. La inocencia es una cualidad un tanto equívoca en el vocabulario popular y en la comprensión de la gente. De hecho es habitual que algunos se rían de esta indispensable cualidad cuando es notable en los adultos. Esas no son más que burlas que nacen de la ignorancia. Sí, los ignorantes se aferran a sus egos, a sus *no verdades* y a sus creencias limitadas y limitantes y desde esa paupérrima posición hacen broma, e incluso humillan, a costa del tesoro que perciben en otros y que ellos no han tenido el valor o el privilegio de conservar. Es únicamente con inocencia como se puede descubrir un mundo nuevo cada instante, como se puede atisbar la magia que no está lastrada por un pasado mohíno, como se puede tener confianza y fe en que todo es posible, en que todo puede estar bien.

Como los niños, los que aún se atreven a mantener viva la inocencia mantienen vivo su corazón. Como les sucede a los infantes, la inocencia permite a los adultos levantarse después de tropezar y seguir jugando sin quedarse paralizados ante la posibilidad de volver a caerse o de hacerse daño. Como ellos, se deslumbran ante cada descubrimiento sin necesitar demostrar nada, sin aferrarse a la falsa seguridad de un ego insano que sólo impide el avance y el descubrimiento. La inocencia libra al ser del hábito, de la costumbre y de la falsa comodidad que estanca; libera al alma de las *no verdades* de la mente y del ego; rescata al ser de la soberbia y abre los caminos que la desconfianza y la cerrazón mental obstruyen.

El concepto de inocencia al que me refiero aquí es sencillo, nace de la actitud concreta de estar viviendo cada día y cada suceso como si fuera el primero, sin las cargas por los "daños o las decepciones" sufridas en el pasado. En verdad cada día, cada cosa es nueva, diferente y sólo nuestros ojos manchados de sucesos antiguos pueden convertirlos en una reiteración desastrosa de los temores, de los dolores, de las pesadillas. Cuando no hay un concepto de fracaso o de pérdida aprendido, no se teme que esto se dé, no se deja de vivir por el miedo a que algo que no tiene por qué pasar suceda y, simplemente, uno se regocija con lo que hay. Desde la inocencia se vive sin el peso de los límites, sin el lastre de todo lo inútil que muchos se niegan a "perder". (Entrecomillo la palabra perder, porque en verdad no puedes perder nada, lo único que tienes es a ti mismo, lo demás son regalos temporales que una vez cumplida su función han de seguir su camino. Si te aferras a ellos, te consumirás con ellos e impedirás que el siguiente regalo llegue a ti).

El presente siempre está lleno con lo mejor para nosotros, independientemente de que comprendamos o aceptemos aquello que lo llena. Es por eso (entre otras cosas) por lo que es mucho mejor disfrutarlo que juzgarlo. De hecho, la cualidad de la inocencia es una de las prioritarias para dejar de juzgar. Desde el prisma que esta otorga, es mucho más fácil observar la verdad, en lugar de las pinceladas subjetivas que el ego percibe. El inocente no juzga, sólo ve, vive y goza.

De aquí se puede derivar otro axioma fundamental para la sana evolución del ser humano. Si el que vive en la cualidad de la inocencia no juzga, tampoco perderá su tiempo o su energía juzgándose a sí mismo o temiendo los juicios de los demás. El inocente no se castiga por lo que hizo "mal", no se fustiga por no haber sabido hacer las cosas de otra manera en el pasado. Está bien prestar atención a tus movimientos, a tus decisiones y a tus reacciones, comprender el motor y la motivación de las mismas, los objetivos ocultos que encerraban, etc. Pero convertirse en el mártir que se regodea en algún aparente fiasco no sirve para nada. Para lo único que sirve es para enquistar en las tripas la sensación de fracaso y el miedo al mismo, hasta transformarte, lejos de la inocencia, en una persona frustrada. El inocente vuelve a intentarlo de otra manera. Al no estar atrapado en el "yo sé", ni en el "tengo que demostrar que sé", experimenta.

El inocente no concibe el mal. ¿Puedes imaginar lo que supone vivir sin concebir el mal? Lo más liberador de esta posición es que, al no concebir el mal, tampoco concibes la culpa y así no sólo no culpabilizas a los demás, sino que nunca te sientes culpable. La inocencia es, pues, fundamental para lograr liberarnos de uno de los mayores lastres de la humanidad: la culpa.

Este capítulo merece un paréntesis para ahondar en la confianza. La confianza es un concepto peculiar que se tiende a confundir con la fe e incluso con la esperanza, aunque no tiene que ver tanto con ellas como muchos piensan. Es, por decirlo de algún modo, un acto de entrega en el que se asume el riesgo de decepción o traición. La confianza real nunca se basa en el conocimiento absoluto del otro, incluso se puede decidir confiar en alguien cuyos demonios son evidentes, lo cual indica que en el acto de confiar está implícito el corazón por encima de la razón, incluso de la emoción. Al confiar se asume que el otro puede errar y se le da permiso para que experimente. Al confiar, no exigimos garantías, ni que las cosas sucedan de una manera determinada. Cuando alguien decide confiar de verdad en otra persona, o en alguna cosa, asume un riesgo que en el fondo es menor para el alma del que supondría el hecho de negar esa misma confianza. Hacerlo no nos asegura nada; como ya he dicho, no es garantía de finales felices. Sin embargo, la desconfianza sí puede asegurarnos una cosa: vas a perder lo mejor de cada cual, incluyéndote a ti mismo. Quien no es capaz de confiar en los demás, a menudo no es digno de confianza, de su propia confianza. Quien confía puede ser traicionado pero, al mismo tiempo, esa apertura que le otorga el hecho de confiar también le asegura grandes regalos, grandes sorpresas, la capacidad de vivir, lo que es imposible de vislumbrar para los que se parapetan tras los muros de su desconfianza y solamente sobreviven. La desconfianza, a pesar de lo que piensan los que optan por ella, no es un buen escudo, no otorga ninguna seguridad y en ningún caso te libera de la posibilidad de ser traicionado. En este caso, esos pobres desdichados que se sienten a buen recaudo defendidos tras los altos muros de su lóbrego castillo caerán fulminados a manos de especialistas. Una pena, porque antes de ese momento, mientras permanecían encerrados en su temor, se han perdido la belleza que ha rondado sus murallas. Ciertamente hay que tener fe en uno mismo para ser capaz de confiar en los demás, pero si no comienzas a confiar en los demás y en la vida, nunca vas a descubrir de qué eres capaz, ni toda la belleza de la gente y de la vida. Con esto no quiero decir que tengas que apostar por todos y esperar sentado a que los otros o la vida te den (o te quiten). La confianza es un compromiso activo que requiere de ti, de tu atención, de tu elección y de tu corazón. La desconfianza, sin embargo, es una actitud pasiva defensiva, una vía segura para la cimentación de las *no verdades*, de los personajes vacuos, ficticios, superfluos, para la supervivencia, para la soledad ponzoñosa, para el innecesario sufrimiento, para la ausencia de libertad.

Sólo si estás abierto puedes recibir y puedes ser consciente de que estás recibiendo. Sólo con el corazón expandido y la inocencia latiendo, se entra en el merecimiento y en la capacidad de disfrutar de lo que eres y obtienes. Cuando la ilusión que todo esto implica muere, muere también el corazón. En realidad la ilusión parece morir cuando, basándote en el pasado, te empeñas en conocer resultados futuros. En el fondo, nunca puedes conocer el resultado porque todo es diferente cada vez. Como mucho puedes hacer deducciones más o menos lógicas y tener expectativas más o menos acertadas, pero esto sólo sirve para "tener razón" (tema que ya hemos tratado) o, para decepcionarte. Claro que si siempre haces lo mismo y estás convencido de que vas a recibir o lograr lo mismo, así será. Sólo el inocente que hace uso de su valor puede obrar de formas nuevas sin sembrar las semillas del miedo por los acontecimientos pasados.

El inocente comprende que no existe el error, sino la experimentación. Muchos lo han dicho: con cada error estamos un paso más cerca del acierto. No es cierto que la única forma de no equivocarse sea no actuar. La vida y la evolución requieren de la acción. No tienes por qué saber cómo hacer las cosas. La necesidad de las garantías en tus obras no es más que un terror del ego a ser juzgado o no querido. La vida es un juego de aprendizaje, es por eso necesario que te lances, que pruebes. El error más grave que puedes cometer es quitarte el permiso de experimentar. Si no te das ese permiso, desperdiciarás todas las oportunidades. Da igual si dejas de hacerlo por miedo a la derrota, al dolor, por prepotencia, por pereza o por cualquier otra cosa, ninguna excusa es válida aquí, porque sea cual sea la que utilices será exactamente eso lo que consigas, lo que por tu falta de permiso proyectes.

Por otro lado es evidente que hay que conservar la inocencia para mantener los canales de la expresión y la manifestación del alma abiertos. Lo "políticamente correcto" y todos los "yo sé" en los que se erigen los egos obstruyen las vías de manifestación del corazón y, por tanto, del alma. Cuando renuncias a la inocencia, comienzas a renunciar a la libertad en pos del control. Te olvidas de fluir, de jugar, de reír, de que nada es tan importante, de que vivir merece la pena, y te limitas, inutilizando así todo un universo de opciones que no caben en una celda de madurez ficticia.

Veamos, por último, dos diferencias muy significativas entre el inocente y el ignorante: la primera reside en que el inocente es consciente de que desconoce un amplio espectro de la realidad y está dispuesto a ir descubriendo, sin el condicionamiento de las creencias mentales y los lastres del ego. Sin embargo, el ignorante se cree conocedor de la realidad y se aferra a lo que cree controlar, defendiendo su "verdad" y protegiéndose, a través de su ego, de lo nuevo, de lo diferente.

La segunda es que el inocente centra su energía en sí mismo. Su objetivo es avanzar mientras aprende y disfruta y sabe que lograrlo sólo depende de él. Los ignorantes, ajenos a esta actitud, buscan constantemente a quien culpar cuando las cosas no salen como ellos querían, así como a "maestros" que se hagan cargo de ellos; personas que les digan lo que tienen que hacer mientras les vanaglorian y alimentan el ego que les mantiene presos en este círculo de necedad. Como decía Confucio: "Lo que quiere el sabio, lo busca en sí mismo; el vulgo, lo busca en los demás."

Me gustaría dejar claro que un Maestro real nunca toma las riendas por otro, nunca coge una responsabilidad que no es la suya; esto le impide (sanamente) aceptar adeptos.

Práctica

1 ¿En qué áreas crees que lo has visto todo y basándote en tus creencias cierras las puertas a las sorpresas?

2 ¿En qué cosas prefieres no experimentar por temor a sufrir?

6.2 LA SABIDURÍA

"Los sabios son los que buscan la sabiduría; los necios piensan ya haberla encontrado."

Napoleón

"El sabio no enseña con palabras, sino con actos."

Lao-tsé

Hay poca gente que comprende que la verdad es un absoluto del que sólo podemos ver facetas (a no ser que estemos iluminados). A medida que vamos trascendiendo la ignorancia vamos descubriendo pequeñas verdades que son peldaños necesarios en la espiral de la evolución, fragmentos de un puzle que estamos lejos de completar. Esas verdades no son cómodas, y el descubrimiento de cada una de ellas suele venir acompañado de la destrucción de la seguridad de lo conocido, con todos los movimientos que esto implica. Obviamente, con cada nueva verdad caen fulminadas algunas *no verdades*. El proceso no es sencillo, pues cada pieza que el alma descubre o recuerda de la realidad es vivida como un ataque contra el ego, que procurará aferrarse, a través de multitud de miedos, a lo que hasta ahora le ha dado un resguardo relativamente cómodo, a lo que le ha permitido no cambiar, no avanzar, no asumir responsabilidad.

Es cierto que las cosas llegan sólo cuando uno está preparado, pero una cosa es estarlo, otra saber que lo estamos y otra asumir todo lo que conlleva el cambio que exigen los nuevos descubrimientos. Cada nuevo fragmento de verdad transforma de forma radical nuestro universo; es por este motivo por el que se van descubriendo poco a poco. Entrever la realidad de golpe nos enajenaría. Debemos ascender paso a paso, tomando el tiempo necesario para integrar un fragmento antes de revelar el siguiente. Sí, las verdades hay que integrarlas, experimentarlas hasta que formen parte de ti. No basta con intelectualizarlas, así sólo las conviertes en una creencia más. Intelectualizándolas únicamente consigues eslóganes que te reafirman en un ficticio "yo sé"; y en este mundo sobran "yo sé" y faltan sabios y héroes. Para integrar una verdad normalmente se requiere tiempo, pero sobre todo se necesita coherencia, valor y responsabilidad para vivir acorde a ese nuevo conocimiento. Repito que la verdad no suele ser cómoda, pero siempre libera, pues desmonta la irrealidad, que es cimiento de los apegos y el sufrimiento, y por tanto, trae serenidad.

Algo que me parece muy hermoso en la vía del descubrimiento es observar la temporalidad de la verdad. Lo que hoy puede parecer la base de la existencia, mañana no sirve, porque no somos los mismos, porque nuestras circunstancias son diferentes, porque estamos en otro escalón. Lo que hoy puede parecer cierto es, posteriormente, oscurecido por una comprensión mayor que se transforma en una nueva verdad que, como la anterior, será válida sólo de una forma temporal. Lo que diferencia, en este campo, al sabio del ignorante es que el sabio acepta este movimiento invariable, en que nada es eterno y todo está en constante transformación; mientras el ignorante se aferra a verdades parciales por la comodidad y la seguridad que le dan, impidiéndose a sí mismo la evolución. Como decía Kant: "El sabio puede cambiar de opinión. El necio, nunca." Cuanto más conoces, menos te apegas a lo que conoces y más estimulante resulta el progreso.

Virginia Blanes

Esto se ve muy claramente al final de la adolescencia. Mientras tenemos esa edad en que las hormonas rigen nuestros estados, tendemos a creer que sabemos lo que es la vida, que nuestro criterio es el correcto y, además, mucho más evolucionado que el de nuestros mayores y, desde luego, somos incapaces de intuir lo equivocados que estamos y cuánto nos queda por descubrir. Este es un proceso por el que, en mayor o menor medida, hemos pasado todos. Gracias al cielo, es sólo una etapa que un buen día finaliza. Lo malo es que, una vez que la adolescencia queda atrás, muchos, o la mayoría, tienen la necesidad o se sienten en la obligación, al ser aparentemente adultos, de tener criterio, de saber, de tener razón, de hacer apología de una opinión pobre, basada en su corta experiencia vital. Y sin ni siquiera haber empezado a descubrir nada, se enrocan en la ignorancia, defendiendo sus pobres puntos de vista ante cualquiera; regalando consejos vacíos y vulgares a quien los quiera escuchar, e incluso a los que no los quieren escuchar. Se afianzan en las *no verdades* que les resultan más operativas y cierran para siempre la puerta a la sabiduría.

No hay nada peor para el alma que una mente que cree que ya ha llegado, que ya sabe... Este tipo de creencia, además de imposibilitar el acceso a la sabiduría, inmoviliza e impide la evolución imprescindible para cada cual. Cada vez que aprendemos una lección, el Universo nos pone un examen para que tengamos la oportunidad de poner en práctica lo aprendido. Lo importante en este caso no es si lo pasamos o no; lo fundamental es que lo intentemos hasta lograrlo. Por desgracia, he visto demasiadas veces caer a los que aseveraban que ya sabían, que ya habían evolucionado, que no iban a caer. Este es un tobogán directo al infierno. Como dijo Juan Luis Vives: "Muchos habrían podido llegar a la sabiduría, si no se hubiesen creído ya suficiente sabios".

Tal vez habría debido comenzar este capítulo diferenciando la sabiduría del conocimiento. Es sencillo tener conocimiento, basta con estudiar, memorizar y practicar. Pero es complicado llegar a tener sabiduría. No se alcanza estudiando, ni memorizando, ni aprendiendo, ni siquiera comprendiendo. La sabiduría es algo más, algo mucho más profundo, integral y expansivo. La sabiduría no se basa sólo en el aprendizaje y, aunque requiere de la experimentación y de la integración, va más allá de todo ello, está vinculada a una forma de vida. Y esta forma de vida es una elección, no tiene que ver con los genes, o con el entorno o con la educación; el camino de la sabiduría es una opción abierta a todo ser humano, que sólo es elegida por los valientes. Comienza con una pequeña pulsión en el alma que te lleva a descubrirte más allá de lo aprendido, de lo inculcado, de lo contagiado. Te lleva a desvelar el camino que tienes delante, a discernir los pasos que tienes detrás, con la sana intención de encontrar un sentido real mientras das lo mejor, mientras creces, mientras no te conformas, ni siquiera, con tus verdades. La sabiduría contiene un montón de preguntas que requieren respuestas tan profundas como honestas, y las respuestas que obtienes necesitan actos de valor y coherencia. En medio de esa búsqueda constante existen lagunas oscuras, cuando avanzas pareces retroceder, a veces hay confusión, pero, en medio de todo ello, se mantienen un poso de serenidad y un propósito que te recuerdan que no importan ni la edad, ni ningún tipo de circunstancia. Mientras tengas aliento aún habrá camino, algo que aprender, algo por integrar, un regalo que agradecer, un paso más que dar.

Virginia Blanes

Por desgracia, en la actualidad, no se enseña a los niños a cuestionarse las cosas, a buscar, a indagar. Así, nos vemos rodeados de adultos que ni saben, ni quieren hacerse preguntas. Adultos con mentes vagas que, en verdad, no quieren saber; que temen que su falsa seguridad sea desmontada por la realidad y aceptan los dogmas externos por pereza, por comodidad y por temor. Esta actitud conformista va en detrimento del alma que, ante la trivialidad de los pensamientos y la falta de interés por el conocimiento de uno mismo y del camino individual, se ve relegada a una mazmorra en la que no se puede manifestar. Esta actitud vana sólo puede generar vacío, nada más. Es necesario hacerse preguntas nuevas y buscar las respuestas y experimentarlas. Sólo buscando algo diferente podemos llegar a algo nuevo, a algo más. Si te conformas con lo que "se te ha dicho", vivirás una triste reiteración de la ausencia de experiencia, o de la frustración de las personas en la que hayas puesto el poder para que te den las respuestas. Es tu responsabilidad buscar. Escucha las preguntas de los demás, pero lánzate a encontrar tus propias respuestas. No te aferres a lo que conoces la vida te va a traer oportunidades nuevas y si siempre actúas de la misma manera, sustentado en las mismas verdades (convertidas en inercias), siempre obtendrás los mimos resultados. Adáptate, ábrete, no permitas que tu ego te atrape en los sucesos anecdóticos, observa, con calma, lo que hay más allá de lo evidente, escucha. Recuerda que cualquier circunstancia y cualquier persona pueden traer un milagro escondido que espera ser revelado. No te empeñes en convencer a los demás de nada, cada uno tiene una vía y un momento particular; y tampoco temas ser convencido por los demás; no te defiendas de sus puntos de vista, sólo observa y escucha.

Existe un truco infalible para saber cuándo no tenemos más que aprender en una situación, sea del tipo que sea: cuando algo te aburre es porque no tiene nada que aportarte ni nada que recibir de ti. Cuando algo te aburre, es porque ha llegado el momento de dejarlo y pasar a lo siguiente. No importa si es un trabajo, una relación o cualquier otra cosa. Hay que tener valor para hacerlo, pero si no lo dejas, acabas perdiéndolo o, mucho peor, enfermando (físicamente o a nivel del alma) y desaprovechando lo que te esperaba a continuación en el camino.

Práctica

1 ¿Qué cosas, situaciones, personas te aburren? ¿Por qué y para qué las mantienes en tu vida?

2 ¿Te empeñas en defender tu "verdad"? ¿Te sientes atacado o inseguro cuando otros te exponen sus puntos de vista? ¿Necesitas compartir con otros tus "verdades"? ¿Necesitas que estén de acuerdo contigo? Busca el para qué de todas estas respuestas.

3 Juega a vivir un día como si fuera tu primera experiencia en la Tierra. Como si todo fuera nuevo para ti. Como si no estuvieras cargado de conceptos que delimitan cómo son y cómo van a ser las cosas, las relaciones y las personas. Juega a recuperar la inocencia.

CAPÍTULO 7
LOS GRANDES MONSTRUOS

*"Todos los dioses y demonios que han existido
existen en nosotros como posibilidades, deseos y soluciones."*
Herman Hesse

"Todos pueden seguir la corriente, pocos enfrentarla."
José Narosky

7.1 ¿CREES QUE ERES LIBRE?

*"No se nos otorgará la libertad externa
más que en la medida exacta en que hayamos sabido,
en un momento determinado,
desarrollar nuestra libertad interna."*
Mahatma Gandhi

*"Quienes son capaces de renunciar a la libertad esencial
a cambio de una pequeña seguridad transitoria
no son merecedores ni de la libertad ni de la seguridad."*
Benjamín Franklin

Virginia Blanes

La palabra libertad designa la condición del hombre que no es esclavo, que es capaz de decidir si actuar o no y cómo hacerlo. Del hombre que es, por tanto, capaz de asumir responsabilidades.
  Desde que tengo uso de razón, he oído hablar de la libertad. Crecí creyendo que los seres humanos son libres, probablemente porque ellos así lo consideran. También tuve en cuenta el libre albedrío y no podía pensar que alguien decidiera no hacer uso de ese derecho sagrado. Pero seguí creciendo y un día, que aún recuerdo, me invadió la tristeza, al darme cuenta de que los seres humanos son esclavos de sí mismos, de sus circunstancias, de su sociedad, de su educación, de sus creencias… de su ego. Uno de los mayores temores que vive la humanidad es el miedo a su propia libertad porque, como bien indica su definición, implica responsabilidad. Prefieren no hacer uso de su libertad de elección, prefieren seguir las normas aunque sean incoherentes, abusivas y pendencieras. Prefieren que otros elijan, que otros les cuiden, que otros se ocupen, que otros asuman su poder…
  Si analizamos en profundidad el libre albedrío, descubriremos, no sin pena, que, como he dicho, el ser humano prefiere no hacer uso de él. Tal vez es que ni siquiera sabe en qué consiste. En la actualidad parece que lo único en lo que podemos mantener un dominio es el campo del pensamiento. Aparentemente somos nosotros los que decidimos qué pensar y qué no. Es por eso evidente que aquellos que están atrapados en creencias, todos aquellos que repiten como un mantra: "Yo soy así" o "Las cosas son así" están haciendo una renuncia a su libertad. Cuando sentencias que las cosas o tú mismo sois de un modo determinado, acotado y limitado, te estás quitando el permiso (a ti, a tu alma y al Universo mismo) de que te sorprenda lo nuevo, lo diferente, lo

ilimitado. Igual que todos aquellos que permiten que su mente sea un cúmulo de pensamiento negativo y se rinden ante la inercia; esos tampoco hacen uso de su libertad, ni de su poder; esos de forma indolente se dejan llevar por un mal vicio, olvidándose de sus auténticos derechos.

Sin embargo, esta no es la única forma en la que los humanos renuncian, de forma casi inconsciente, a su libertad. Desde mi punto de vista, todas las formas de esclavitud de las que voy a hablar aquí están entrelazadas y, como con el resto de raíces de la infelicidad del hombre, para sanarlas o transformarlas hay que tomar conciencia de ellas y desear, de verdad, el cambio.

La independencia económica es una forma de vida que, tanto para los hombres como para las mujeres, se promueve desde hace pocos años. Antes, como todos recordamos, no era así. Me parece una opción muy sana. La dependencia es una terrible enfermedad que impide que el individuo se descubra a sí mismo y le lleva a mimetizarse con aquel del que depende, a construirse en función de los deseos y necesidades del otro. Promulgo, sin duda, la autosuficiencia. Sin embargo, ganar tu propio dinero no te convierte en autosuficiente, ni en independiente. Estos son conceptos que van mucho más allá del campo monetario.

Una vez conocí a una mujer de treinta y tantos que tenía un buen trabajo y un bonito piso. Ella creía que era independiente porque se hacía cargo de todos sus gastos y vivía sola. Sin embargo vivía justo enfrente de sus padres, y era su madre la que se ocupaba de hacer todas las tareas de su casa, incluida la limpieza cuando ella invitaba a algún grupo de amigos y todo quedaba un tanto desastrado. Además, era esclava de la idea de necesitar una pareja con la que formar una familia para, así, poder ser feliz. Pongo este ejemplo porque me parece muy claro y definitorio de distintas formas en las que las personas, al no hacerse cargo de sí mismas, al no asumir su responsabilidad, al ser prisioneras de costumbres, creencias y dependencias, anulan su derecho a la libertad.

Ahora es tarea de cada cual indagar para descubrir de qué o de quién depende. Una buena forma de empezar es preguntándose: "¿Quién lidera mi vida?" Las respuestas pueden ser casi infinitas, pueden ser por ejemplo: mi madre o mi padre (incluso aunque estén muertos, puedes vivir bajo la sombra de lo que crees que ellos esperarían de ti), mi pareja, el dinero, la tristeza, la queja, la necesidad de pertenencia, etc. Una vez hayas encontrado tu respuesta, tendrás que descubrir qué obtienes permitiendo que "eso" lidere tu vida. ¿Para qué le cedes a "eso" tu poder y tu responsabilidad? ¿Qué crees que ganas? Pero sobre todo reflexiona acerca de lo que pierdes.

Lo siguiente muy común en el campo de la esclavitud son los apegos que no por ser tan frecuentes son menos nocivos. El apego se define como una vinculación afectiva intensa, duradera, de carácter singular, cuyo objetivo más inmediato es la búsqueda y mantenimiento de proximidad en momentos de amenaza, ya que da la sensación de seguridad, consuelo y protección. Cuando alguien siente apego hacia algo o alguien, procura esforzarse por mantener la proximidad con el objeto de su apego; de hecho, la posibilidad de separación le produce un profundo sentimiento de ansiedad, pues de forma inconsciente ha depositado en ese "objeto" el poder de su seguridad (física, emocional, espiritual, etc.) Es por eso por lo que lo usan como un refugio y les resulta difícil, cuando no imposible, concebir una buena vida para ellos mismos sin el "objeto" de su apego.

Pues bien, todo apego es una cesión de poder, y toda cesión de poder es una renuncia a la propia responsabilidad y, por tanto, a la libertad.

Si tienes, por ejemplo, apego a tu familia, tus actuaciones y decisiones, tu personalidad y tus límites estarán basados en lo que crees que tu familia espera de ti, en lo que crees que les agradará. Por supuesto también estará supeditado por aquello que crees que no tolerarían. Si has crecido limitado por este apego, no te habrás dado el permiso de revelar quién eres más allá de los parámetros impuestos por tu clan. No te habrás arriesgado a descubrirte.

Es importante remarcar que vivir con apego, lleva a la gente a vivir desde el miedo. El miedo a perder el "objeto" del apego. Y cuando se vive desde el miedo, es imposible ser libre, como es imposible experimentar el amor.

Hay que tener en cuenta que la gente no sólo se apega a entidades como la familia, la pareja o incluso un trabajo. Hay apegos igualmente generalizados, como una casa o un coche que, generan una identificación de estatus y que pueden llevar a la persona a "venderse" con tal de mantenerlos. También es normal tener apego a emociones como el rencor, ese que muchos maceran con sumo cuidado porque, por ejemplo, sufrieron maltratos de niño, o porque su primer amor les fue infiel, o… Ese tipo de apego va forjando las circunstancias de esas personas y les sirve para justificar su amargura y, sobre todo, las exime de la responsabilidad de ser felices, de vivir de otro modo.

Definitivamente, ningún apego es bueno. Ningún apego es útil. Cuando somos incapaces de renunciar a aquello que creemos que poseemos, terminamos siendo poseídos. Veamos pues que podemos hacer con ellos. Para empezar hay que identificarlos. Una vez localizados hay que observar qué tenía esa persona, institución, situación o cosa para nosotros, porque con toda seguridad, si llegó a nuestra vida es porque tenía algo que ofrecernos. Después hay que agradecer, ver si hemos sabido sacar partido del regalo, y soltar.

En el caso de que el apego sea a una emoción negativa propiciada por una falta de perdón, lo primero que hay que hacer es tomar conciencia de que nadie nos puede hacer algo que nosotros no permitamos que nos haga (aunque nuestro permiso sea inconsciente). Y que, nos hayan hecho lo que nos hayan hecho o hayamos permitido lo que hayamos permitido, había una enseñanza para nosotros y una oportunidad para crecer y mejorar. Busca esa lección y quédate con ella, en lugar de regodearte en el sufrimiento para así poder justificar el estancamiento y todo lo inadecuado de tu vida. No te conviertas en una de esas personas que se conforma con repetir que nunca ha tenido oportunidades. No te resignes a sobrevivir prisionero de una decepción sin abrir las puertas y las ventanas a la vida.

Aunque me resulta imposible detallar todo lo que hace que los seres humanos vivan como seres exentos de libertad, no quiero cerrar este capítulo sin mencionar "las lealtades ciegas". Si bien cada uno de nosotros nace con unas vinculaciones kármicas con algunos miembros de su familia y crece supeditado a la contaminación y el peso de algún que otro transgeneracional y sus consiguientes creencias, lo más dañino no es esto sino las lealtades ciegas que somos capaces de llegar a sostener durante nuestra vida. Como no es un concepto sencillo, básicamente porque el ego se revuelve ante el descubrimiento de esta enredadera, me serviré de la primera vez que descubrí esta realidad tóxica para ejemplificar lo que estoy comentando. Hace algunos años, en un taller, me sorprendió ver a un chico que portaba la energía del éxito y la abundancia y sin embargo no lograba salir de una situación muy precaria. Él había elegido su sueño, quería ser fotógrafo. Y a pesar de ser muy bueno en su trabajo y de tener los caminos abiertos a nivel energético, siempre que estaba a punto de alcanzar algún logro que le podría sacar de su situación (que se acercaba a la pobreza), le pasaba algo que "le obligaba a perder la oportunidad". Normalmente lo que no comprendo me insta a mirar más en profundidad. Sé que hay una razón para cada cosa y me gusta acercarme a algunas de estas razones que motorizan las circunstancias personales. En esta ocasión fue una transformación lo que me hizo ver la raíz de su infortuna. Y os puedo asegurar que cuando lo vi... Bueno, me quedé sin palabras. Era mi primera toma de consciencia de lo que son y lo que suponen las lealtades ciegas, con todo lo que esto, en sus diversos tipo de manifestación, implica. Y me pareció, diciéndolo con delicadeza, una aberración. Descubrir el daño que podemos llegar a hacernos a nosotros mismos por estas absurdas lealtades, cuando a quien únicamente le debemos lealtad es a nuestra alma. En este caso, el chico no podía alcanzar el éxito, pero sobre todo no podía llegar a ser abundante, porque hacía tres generaciones, su abuelo y los hermanos del mismo habían hecho un pacto de pobreza. Su bisabuelo había sido un terrateniente muy, muy rico que, como tantos otros, lo perdió todo en la guerra civil. Cuando esto sucedió y el hombre murió dejando a sus seis hijos en la más absoluta ruina, sus seis vástagos reunidos en torno a una mesa adquirieron el absurdo compromiso de no tener dinero nunca más. Lo habían pasado tan mal que prefirieron no volver a vivir la abundancia, con tal de no repetir la experiencia de la pérdida. Por si esto fuera poco grave, cada uno de ellos se comprometió a que ninguno de sus futuros hijos tuviera tampoco riquezas. Y si alguno rompía el pacto, sería inmediatamente repudiado por la familia y expulsado del clan.

Aunque para el chico esto fuera sólo una anécdota estúpida, su inconsciente, igual que el de su padre, el de sus tíos y el de sus primos, mantenía lealtad a ese pacto. Ninguno de ellos tenía un salario decente. Ninguno era feliz. Pero, eso sí, todos seguían formando parte del clan.

Como he dicho, este es sólo un ejemplo de las lealtades ciegas que mantienen a casi todo el mundo prisionero de una cadena familiar de infelicidad. Después de aquel día, que para mi consciencia marcó un antes y un después, he visto muchos tipos diferentes de aberraciones como esta. Y aunque no es el propósito de este libro ahondar en un tema tan profundo y problemático, debía mencionarlo, pues muchas veces, las raíces de un ego mal educado, se sustentan en ellas.

Prácticas

Como siempre tómate tu tiempo y contesta honestamente.
1 ¿Eres autosuficiente? Si dependes de alguien, al nivel que sea, pregúntate para qué eliges la dependencia.

2 ¿Quién o qué lidera tu vida?

3 Revisa todas las personas, instituciones, cosas y emociones a las que estés apegado.

Una vez que las tengas identificadas, analiza qué obtienes de ellas y qué pierdes al limitar tu vida y tu personalidad para mantenerlas. ¿Cómo seríais tu vida y tú si te liberases de esos apegos?

4 Revisa si aún tienes que perdonar a alguien que te hirió en el pasado.

¿Qué emoción mantienes por no haber perdonado esa situación o a esa persona?

Sé honesto y humilde y analiza por qué permitiste que ese suceso tuviera lugar y qué enseñanza tenía para ti.

¿Qué justificas manteniendo esa emoción?

7.2 EL EGO

"La manera de ver la luz divina es apagar tu propia vela."
Proverbio antiguo

*"Creemos que sabemos lo que somos,
pero ignoramos lo que podríamos ser."*
William Shakespeare

El miedo es la ausencia de amor, el miedo es ego. Lo que acabo de decir puede parecer categórico, lapidario incluso; sin embargo encierra una verdad que, aunque sea difícil de digerir y de afrontar, es absoluta. Veamos primero qué es el ego y profundicemos después en esta afirmación.

Todos tenemos, y siempre tendremos, ego. No voy a dar fórmulas para aniquilarlo sino pistas para conocerlo, para detectarlo, para devolverlo al terreno que le pertenece, para dejar de estar supeditados a él, para impedir que domine nuestra vida y obstaculice la manifestación de nuestra alma y la expresión de nuestro corazón. Voy a dar pautas que requieren atención, honestidad y responsabilidad para que el ego deje de ser el verdugo de las oportunidades que nos brinda la vida y actúe como un aliado, en lugar de como enemigo. Es un trabajo complejo y lleno de trampas, pero puedo asegurar que trascender al monstruo que uno mismo ha criado y alimentado durante años es una de las experiencias más liberadoras que existe. Sólo si te aventuras hasta descubrirlo en su totalidad, agradeciendo lo que puede hacer por ti y permitiéndole el espacio que le corresponde, podrás romper los límites que te has autoimpuesto para sentirte seguro y podrás, finalmente, descubrirte.

Del ego al ser

El ego, *per se*, no es malo. En un inicio, cuando cumple su auténtica función, el ego es como un semáforo que se pone en rojo para indicarnos algún aspecto en el que no estamos, o mejor dicho, no nos sentimos completos; algún área en la que debemos profundizar, trabajar, mejorar. O sea, se alza cuando alguna circunstancia externa nos da la oportunidad de descubrir una "tara" que hemos venido a pulir en esta vida. Aunque somos seres completos, sufrimos una especie de amnesia provocada por procesos que no voy a tratar aquí y que está directamente relacionada con lo que los orientales conocen como karma. Lo llamemos como lo llamemos, lo que hemos olvidado, lo que debemos recordar o reaprender es indispensable para nuestra realización, y el primer encargado de señalarnos esos aspectos es nuestro ego. Visto así no parece tan malo, ¿verdad? ¿Cómo acaba entonces convirtiéndose ese semáforo necesario en un monstruo devastador que tiene subyugados a tantos? Sencillo: por la tendencia del ser humano a mirar para otro lado, a dejar las cosas para después, a huir del dolor, a auto-engañarse, a tirar balones fuera, en definitiva, por la reiterada irresponsabilidad.

Identificarlo, que es lo primero que tenemos que hacer, es sencillo si prestamos atención. A nivel corporal lo podemos localizar en la boca del estómago. Cuando algo, o alguien, nos "toca" el ego y reaccionamos de forma defensiva, tendemos a taparlo cruzando los brazos por debajo del pecho, bloqueamos nuestro diafragma y cargamos de rigidez toda la parte superior del cuerpo. Si reaccionamos de forma ofensiva, ponemos los brazos en jarra, elevamos la barbilla y tensamos la mandíbula y las articulaciones. Sea cual sea la reacción, incluso sin necesidad de palabras, implican agresividad, rabia y sobre todo miedo. En ambos casos hay soslayada una necesidad profunda de reconocimiento, de seguridad y de tener razón. Un ego sano no necesita tener razón y, desde luego, no tiene miedo. Por el contrario, un ego malsano se siente herido cada vez que alguna circunstancia le hace sentir inseguro, o cada vez que las circunstancias no cubren alguna de las cosas que él percibe como carencias. Un ego insano nunca está satisfecho, siempre exige más, no importa lo que reciba. Su existencia se aleja de la búsqueda y de la consciencia y se basa en el quiero. Es como un tremendo agujero negro que, a consecuencia de no haber sido atendido en su debido momento y de la forma adecuada, se ha quedado enquistado en una reiterada llamada de atención, sobre una percepción de carencia que sólo puede cubrir el dueño del ego, por mucho que lo busque fuera. En el extremo opuesto nos encontramos con los despliegues de verborrea de los egos que se sienten seguros en algún terreno y se empeñan en demostrar a los demás su dominio de lo que sea, a cambio de reconocimiento. Me temo que en el fondo es lo mismo, sólo que con expresiones diferentes. Me reitero: el semáforo se pone en rojo cada vez que alguna circunstancia nos indica dónde estamos en la comparación (por falta de seguridad o porque desconocemos nuestros auténticos talentos). En el juicio (porque nos cargamos de importancia, porque desacreditando a otros nos sentimos superiores, o porque a causa del desamor somos incapaces de ver los talentos ajenos). En la expectativa (porque no estamos atentos y presentes). Y sobre todo dónde permanecemos en la ignorancia, esa que mantiene en la oscuridad todas las áreas en las que no nos hemos hallado, en las que parece más fácil no mirar mientras buscamos un amor, un reconocimiento y una seguridad que dependen exclusivamente de nosotros.

Cabe recordar que las carencias no son más que creencias de ausencia; todo aquello que no conozco o no percibo de mí mismo. ¿No sería más sano, entonces, sacarme todo el potencial, buscar, reconocer y activar todas las capacidades que mantengo a la sombra, no para demostrar nada a nadie, sino para disfrutarlas, para sacarlas a la luz, en lugar de mantenerme a la espera de que alguien me descubra? Sí, con total seguridad sería más sano y menos doloroso.

Comencemos pues a detener la reiteración de auto-engaño promovida por el ego. Para empezar, aunque te parezca absurdo, debes detenerte cada vez que sientas que algo o alguien "te ha tocado" el ego. Tienes que parar tu cuerpo para observar sus reacciones y no ser arrastrado por ellas. Y, al mismo tiempo, tienes que detener tu mente y tu verbo para evitar las respuestas de siempre y poder ver qué está sucediendo. Hacer esto es mucho más fácil de lo que parece si te prestas atención y no temes sentirte derrotado por la circunstancia que ha movido tu ego, vamos, si no tienes una insuperable necesidad de defenderte o de tener la razón. Una vez que te hayas detenido, observa qué es lo que ha sucedido, haz un rebobinado hasta que encuentres el momento exacto en que el semáforo se puso en rojo. Este paso es más complicado que el primero porque el ego, a estas alturas, teme ser descubierto y perder su "poder". Tu ego comenzará a justificarse y a darte millones de excusas, aparentemente cargadas de razón. Pobre de ti si te las crees y te rindes. Si de verdad te has comprometido contigo debes ir desmontado todos tus "es que", debes profundizar, tirar del hilo, hasta descubrir la raíz, no importa si es grande, pequeña o vergonzosa, sólo si encuentras la herida que sustenta esa raíz podrás empezar a sanarte.

Si no consigues nada la primera, la segunda o duodécima vez, no te castigues, es sólo falta de adiestramiento. Y recuerda que castigarse, o como se dice vulgarmente "meterse caña", es una de las estrategias favoritas del ego, que te lleva a no hacer, a pensar que no mereces, que no eres capaz y, finalmente, a amarte menos.

El ego anula el libre albedrío. No podemos decir que somos libres si no asumimos nuestra responsabilidad y los "riesgos" que implican nuestra vida. Tampoco podemos pensar que hacemos uso de nuestro libre albedrío si no somos plenamente conscientes y hemos trascendido nuestras *no verdades* y nuestras creencias. Y no podremos hacer esto mientras permitamos que el ego domine nuestro día a día. El ego, en algún momento del camino, se ha aliado con la necesidad de seguridad y es por esto por lo que se agarra a lo que conoce por muy dañino o irreal que sea. A lo primero que se apega es a las creencias, y para poder mantener el falso estatus de razón, conocimiento y seguridad, se ocupa de hacer reales esas creencias y esos temores, enajenando a la consciencia e impidiendo que se vislumbre la auténtica realidad. El ego, a pesar de desconocer el bien y el mal, está juzgando constantemente lo que hacemos y lo que no hacemos, lo que hacen o no hacen los demás. Hay tantos conceptos de bien como personas en el planeta, y en cada momento, a cada cual le parecerá bien o bueno, lo que vaya acorde con sus necesidades y sus expectativas; esto es absolutamente subjetivo y parcial, ni es verdad, ni nace de la consciencia, por lo tanto no nos ayuda a ser libres, ni a ser felices.

El ego no comprende que no poseemos sino lo que somos a nivel esencial, todo lo demás es ilusorio y temporal, por eso se aferra a lo que considera suyo, a lo que a cualquier nivel le ayuda a sentirse seguro y perteneciente. El ego atrapa, el amor otorga libertad; el ego es inmovilización, el amor es evolución; el ego limita, el amor da oportunidades. El ego te empuja a dejarte llevar, a ser uno más, una víctima de las corrientes de cada momento y de cada zona, una marioneta de este sistema generador de vacío e insatisfacción. El ego te aleja de ti. El ego te impide ser feliz.

Práctica
Si bien todo el libro está orientado a ir desenmascarando al ego, pondré aquí algunos ejercicios específicos para ir conociéndolo.

1 Habitúate a detenerte cada vez que sientas que algo o alguien "te ha tocado el ego". Párate físicamente, respira profundamente y observa cuáles son tus impulsos, cómo está tu cuerpo, cuál habría sido tu reacción característica y, sobre todo, cuál ha sido el disparador de tu estado actual.

2 ¿Cómo se ha convertido tu ego en un monstruo?

¿Cuáles son las raíces de su temor, su necesidad de atención, su necesidad de demostrar, su necesidad de seguridad, su necesidad de protección, etc.?

3 ¿De qué necesitas siempre más?

4 ¿En qué terreno te sientes especialmente seguro? Parecerá una tontería pero un exceso de seguridad suele esconder un gran ego camuflado.

5 ¿En qué ámbitos te comparas con otros?

6 ¿En qué áreas tiendes a juzgar a los demás o a ti?

7 ¿De qué cosas estás convencido que son así, en ti o en tu vida? ¿No conoces a nadie que viva esas circunstancias de forma diferente? ¿No serán tu mente, tu ego y tu miedo los que convierten esas creencias en una realidad inamovible?

8 Si revisas en qué tienes puestas tus expectativas también podrás descubrir las tendencias de tu ego y las necesidades que (de forma insana) pretende cubrir.

7.3 EL GRAN DICTADOR: EL MIEDO

"Si luchas con monstruos cuida de no convertirte también en monstruo. Si miras durante mucho tiempo un abismo, el abismo puede asomarse a tu interior."

Nietzsche

El miedo es una de las mayores trampas en las que cae actualmente la humanidad. Tan sutil como absoluto, se ha extendido socialmente como una tela de araña que caza a todos aquellos que se dejan llevar por lo establecido, por la comodidad, por la irresponsabilidad y por la cobardía. Por desgracia, a estas alturas, parece haberse convertido en una condición natural ante la que las personas no se plantean otra opción. La rendición ante el miedo es, para muchos, la única opción. Desde luego hay otras alternativas, pero como sucede con todo lo demás, no son tan cómodas como auto-convencerse de que el miedo no se puede vencer y que, incluso, vivir en el temor humaniza al individuo. Aunque al hablar del valor en el primer capítulo dejé claro lo imprescindible que es hacer uso del mismo, dedicaré este espacio a algunos de los distintos rostros de esta gran trampa y a la manera en que el miedo anula la libertad e impide la realización.

Comenzaré marcando una diferencia entre tres formas de miedo para centrarme en la que nos interesa.

La primera forma son las fobias que pueden tener su raíz en una experiencia traumática (de esta u otra vida) y que, aunque muy incómodas y desagradables, no coincide con la energía de miedo que nos ocupa ahora.

La segunda forma es el instinto de supervivencia, que es algo intrínseco a todos los seres vivos y que pocos seres humanos han llegado a sentir. Más que miedo lo califico, valga la redundancia, como instinto, y considero que si la mayoría de las personas se vieran durante unos instantes en una situación de auténtico peligro y experimentaran todo lo que conlleva este instinto, comenzarían a quitarle poder a sus muchos temores y distinguirían con más claridad lo que es importante de lo que no. El instinto de supervivencia activa multitud de mecanismos físicos pero, a diferencia de los miedos comunes, logra que la mente permanezca en absoluta alerta. Por el contrario, ante el tercer tipo, que consideraremos como los miedos vulgares, la mente, lejos de permanecer atenta, se diluye en una reiteración del temor y de todas las posibilidades y sufrimientos que pueden implicar la situación temida, incapacitando para la acción a la persona e impidiendo que viva y disfrute de su realidad y su presente. Probablemente uno de los problemas del deterioro del ser humano es que tenemos vidas demasiado fáciles y, por desgracia, en lugar de disfrutarlas, mucha gente, viciada en la inercia de la queja, se empeña en prever lo malo, en lugar de disfrutar lo bueno.

Hablemos de algunos miedos de esos que tienen su raíz en el ego, de esos que florecen por temor a perder algo (aunque no se tenga).

El primer grupo que trataremos dentro de estos miedos comunes es el que siente mucha gente a que su pareja la deje por otra persona. Este temor implica una falta de confianza en uno mismo, una falta de amor por uno. Aquí el ego busca la seguridad de lo conocido y la sensación de ser el elegido por encima del resto; necesita sentirse especial. Este temor genera una constante tensión llena de juicios, comparaciones y desconfianza, que va transformando la relación y la propia vida en una prisión llena de dureza.

Similar, en apariencia, aunque diferente en su fondo, es el miedo a quedarse solo. La necesidad de pertenencia, ya sea a una familia, a una pareja o a un grupo del tipo que sea, es muy habitual y siempre encierra miedo a la soledad. Cabe resaltar que sólo tienen miedo a la soledad aquellos que no quieren descubrirse. Este temor produce dos efectos tremendamente nocivos. Uno es la tendencia a venderse, a hacer cosas que no se quieren hacer o que van en contra de la esencia individual y singular en cada cual, a tolerar cosas que les hieren, a mantenerse estancados en relaciones muertas que están llenas de una soledad mucho peor que no enseña, que pesa y que aniquila muy lentamente.

El segundo es la imposibilidad de descubrir a una de las grandes Maestras: la soledad. Este miedo construye rápidamente un tremendo escollo que mantiene a la persona siempre en busca de una sociabilidad, de un ruido (mal llamado compañía) que le asegura que no va a tener que escucharse, que sentirse.

Podría escribir un libro dedicado exclusivamente a la soledad, pero al no ser el caso, me centraré sólo en un aspecto que me gustaría clarificar. Para vivir la soledad, no basta con pasar tiempo solo o con vivir solo, hay que ser autosuficiente, no dependiente de otros, y hay que estar con uno mismo fuera de los "tengo que hacer" y "quiero hacer". Estar con uno mismo contemplando, escuchando lo que sucede a nivel interno sin huir, ni anestesiarse con entretenimientos. Vivir en profundidad la soledad es imprescindible para madurar, para conocerse, para descubrir nuestra sombra más escondida y para reconocer nuestros talentos, esos que en la codependencia se adormecen. En parte comprendo que la gente tema tanto a esta gran maestra; entiendo que muchos huyan en lugar de pararse a ver todo lo que les puede mostrar de sí mismos. Pero, en el fondo, creo que es una falta de responsabilidad más. Cuanto menos conocemos a la soledad, más nos confundimos con los otros, menos partido nos sacamos y más miedosos nos volvemos.

Otro miedo muy común, que mantiene a muchas personas presas de la miseria, es el miedo a la carestía. Alguien dijo que la vida es un bufet libre y aún así hay gente que pasa hambre. Esta es una aseveración con la que estoy totalmente de acuerdo. En el temor a la escasez se mezclan de forma muy destructiva, una profunda falta de fe en la vida, en uno mismo y en las propias aptitudes y capacidades, junto con una inconsciencia de la realidad. Curiosamente suelen ser personas con todas sus necesidades cubiertas las que se mantienen bajo el dominio de este temor.

Como ya he dicho, todo ser humano nace con el derecho divino de la abundancia, y si alguien no la disfruta, no se debe a un error cósmico. Aunque sea una ley, hay quien elige aferrarse a la creencia de carencia. Así será para ellos, eso será lo que atraerán o eso será lo que vivirán independientemente de lo que tengan. Incluso en las ocasiones en las que el Universo sigue siendo generoso, esta gente se enreda en la obsesión de la posibilidad de perder las absurdas posesiones que creen tener; ya sea un trabajo o cosas materiales, aunque ni siquiera les gusten, aunque no las disfruten, aunque les impidan hacer lo que realmente deseen y pueden hacer. Y mientras su ego se aferra a lo pequeño, mientras impide que la persona acceda a todo lo grande que le ofrece su alma, viven en la más absoluta miseria emocional y espiritual, generándose una incapacidad crónica para disfrutar de la vida, del presente y de sí mismos.

Conozco un hombre que ha vivido toda su vida prisionero de este temor. A lo largo de los años, mientras acumulaba posesiones que nunca disfrutaba, que nunca le daban satisfacción y que nunca llenaban su vacío existencial, mantenía la creencia de que en su infancia había sido muy pobre. Esta creencia la había sembrado su madre. Ella plantó una semilla que fue abonando y regando con su propia miserabilidad. Tristemente, sus hermanos guardaban el mismo recuerdo de su infancia, todos ellos habían vivido sin poder disfrutar de un juguete, o algunas ropas nuevas, o todo aquello que veían que los demás niños tenían. Pero lo más triste de todo es que eran los hijos de un guardia civil y la propietaria de una peluquería que, en tiempo de posguerra, gozaban de una posición económica bastante privilegiada. Este me parece un ejemplo claro de la subjetividad con la que cada uno percibe su realidad y de lo fácil que es adoptar creencias y miedos familiares, frente a lo costoso que parece hacer una toma de consciencia de la realidad.

No pretendo que os sentéis a esperar que el Universo os colme de abundancia. Si bien es cierto que la vida es tan generosa que nos va a dar todo lo que necesitemos cuando realmente lo necesitemos, es igual de cierto que la vida no hace ni da nada a aquel que no hace por sí mismo todo lo que puede, lo mejor que puede. Los pajaritos tienen su comida cada día, pero no se quedan tumbaditos en su nido esperando que alguien o algo se la traiga, al contrario, vuelan en su busca.

Me parece importante, por último, remarcar que tanto la abundancia como la escasez son dos conceptos absolutamente desligados del dinero, del poder económico y del estatus social. Las personas que no comprenden que la abundancia supone tener lo que necesites en el momento enque lo necesites, sin importar si te lo puedes costear tú o si te llega como un regalo, y que asocian abundancia con acumulación o números en una cuenta bancaria están dominadas por un ego socio-adaptado que las aleja de la calma y les impide discernir lo que de verdad tienen y lo que les puede hacer felices.

El miedo a la muerte es igualmente habitual y surge cuando la persona no está viviendo, no experimenta la consciencia y permanece aferrada al personaje que ha creado su ego, considerándolo como lo único que es. Lo que realmente se teme no es a la muerte, sino a la extinción de los barrotes tras los que vive y que considera lo único existente. Teme la desidentificación.

Además este temor suele ir unido al miedo a los finales, que incapacita a la persona para disfrutar y sacar el máximo partido de lo que es y de lo que le sucede en cada momento. Sólo la gente que vive y tiene consciencia de sí misma más allá de sus personajes y su ego está exenta del miedo a la muerte. Todo acaba, pero cuando le has sacado su máximo partido a algo, una vez que muere, lo dejas ir. Esta es la única forma de avanzar, de dar el paso siguiente. Además, lo que la mente añora en los finales son las rutinas a las que estaba habituado el ego; el alma, sin embargo, sabe que después de cada final viene un principio, algo nuevo, algo más.

Uno de los que más compasión me despierta, es el miedo a no ser amado/aceptado. Es profundamente triste, entre otras cosas porque es como un virus que está demasiado extendido y contagia a los hijos de los que lo padecen, anulando las vías de expresión del alma y engrandeciendo los egos. Estas personas lo que temen en realidad es que los demás las vean como ellas se ven a sí mismas, con su misma dureza de juicio, con su falta de compasión, de ternura y de amor. Temen profundamente quedarse desnudas, descubiertas más allá del personaje desde el que intentan venderse a los otros. Lo más terrible es que casi nadie, por no decir nadie, las verá nunca tan mal como se perciben a sí mismas.

Cuando este tipo de miedo enraíza en alguien, conecta con el sentimiento de indignidad y con la sensación de falta de merecimiento. Y puedo deciros que, cuando alguien se contamina de todo esto, es realmente difícil hacerle salir de ahí, hacerle comprender que es sólo su percepción distorsionada de sí mismo lo que lo mantiene en esa especie de aislamiento donde no pueden llegar todas las cosas buenas que sí merece. Esto resulta tan complicado como lograr que esas personas comiencen a tratarse con calidez y con cariño, sobre todo a un nivel mental.

Hay uno que me resulta cómico, es el miedo a equivocarse. Espero haber dejado claro, al hablar de la sabiduría, que, más que el error, lo que existe es la experiencia, pero supongamos que no ha sido así, y que debemos partir de la premisa de la existencia del error o la equivocación. Personalmente considero que, cuando alguien está en contacto con su corazón, cuando en lugar de ser arrastrado por el ego o por las emociones, siente y, sin autoengaños, se deja guiar por lo que siente, no puede equivocarse. Pero centrémonos en lo común, es decir en personas con vidas manejadas y vapuleadas por sus egos, sus emociones y sus *no verdades*. Incluso en estos casos, decidan lo que decidan, mientras sean mínimamente coherentes, lo que lograrán será, cuando menos, una nueva experiencia. Si no deciden, si no actúan, no habrá nada nuevo en su vida, sólo repeticiones, reiteraciones, redundancia, monotonía. Y, como su decisión ha sido no decidir (irónico ¿verdad?), no tendrán derecho a quejarse de su falta de avance, de su frustración, de su insatisfacción o de su aburrimiento. En el fondo, los que tienen miedo de equivocarse lo único que temen es asumir su responsabilidad. En resumen, tienen miedo de no tener a quien culpar, temen crecer, temen vivir.

Hablemos, por último, del miedo a lo desconocido. Igualmente común, surge como un mal maquillaje del temor, por un lado a no mantener el control, y por otro, a descubrir las *no verdades* propias. Es un miedo a quedarse desnudo con uno mismo y descubrir todas las mentiras que se haya contado cada cual, desentrañando las propias incapacidades, las rutinas y sus vacíos y todo aquello que, por una inercia de falso control, queda mal disimulado bajo la infelicidad. Este temor es un exponente clarísimo del ego y una excusa perfecta para no evolucionar. Tal vez por eso y por lo expuesto aquí, muchos lo asocien al miedo a la muerte.

Como hemos visto, el miedo, en cualquiera de sus formas, paraliza e impide que descubras los tesoros que el propio miedo nubla. Bastaría con detenerse y contemplar (sin expectativa) a ese dragón negro que viene disfrazado de miedo para que cada uno pudiera descubrir el erario que nos espera si somos capaces de hacer uso de nuestro coraje. Si en lugar de convertirte en un héroe y hacer uso del valor, eliges que tu mente mal educada se entretenga en toda clase de opciones terribles que alimentan al propio miedo, dejarás de percibir la realidad, dejarás de vivir y te moverás como un zombi más.

Del ego al ser

El miedo es el mayor impedimento que existe para permanecer en el presente. Pues empuja a la mente a catástrofes futuras, cuando no la mantiene presa de nebulosas pasadas, impidiendo, en cualquier caso, una toma de consciencia de la realidad. En el fondo es tan sencillo como eso, permanecer presente y observar cómo, mientras estás aquí y ahora, el miedo no tiene cabida.

Nuestra sociedad está cimentada sobre la falta de responsabilidad, la distracción y la comodidad. Y una de las cosas que alimentan de forma más eficaz a la ausencia de responsabilidad y la dependencia es el miedo. ¿Vas a permitir que sigan utilizando esta arma para mantenerte aletargado y profundamente insatisfecho? De nuevo, lo que decidas hacer es cosa tuya y nadie lo podrá hacer por ti. Pero recuerda siempre que, si el miedo es el opuesto al amor y el amor es libertad, el miedo es la mayor prisión que hay.

Dediquemos ahora unos minutos a profundizar en algo tan común y tan poco reflexionado como es el entretenimiento. Actualmente vivimos en la cultura superficial y vacía del entretenimiento y la distracción. La mayoría de nosotros pierde, diariamente, un precioso tiempo con cosas inútiles. Y a medida que las nuevas tecnologías avanzan, ese tiempo perdido de forma inconsciente crece con ellas. Que sea algo habitual no lo convierte en algo sano o correcto. No pretendo decir que debamos estar operativos cada minuto de nuestro día. Sin embargo me parece interesante reflexionar sobre nuestra intención al entretenernos y nuestra adicción a esta forma de adormecimiento en la que las horas transcurren sin aportarnos nada. Cabe remarcar que entretenerse no es siempre sinónimo de divertirse y, desde luego, nunca llega a serlo de descansar. De hecho, dos de las definiciones de la palabra entretener son "distraer con algo que no estaba programado, perder el tiempo" y "dar largas al arreglo de un asunto, retrasar la solución del mismo". Estas definiciones me resultan, cuando menos, significativas. Si te paras a observarte con atención, verás que tiendes a sustituir descanso por entretenimiento. La diferencia básica entre ambas alternativas es que, al descansar, estamos con nosotros mismos, escuchando nuestras necesidades y estados, mientras que, por el contrario, al entretenernos, nos desconectamos de nosotros mismos, de nuestras necesidades y de nuestros estados. Descansando podemos regenerarnos y ordenar todo lo que debe encontrar su lugar correcto dentro de nosotros. Entreteniéndonos, logramos anestesiarnos y esconder todo aquello que no está ordenado en nuestro interior (ya sea emocional, mental o espiritual).

Si he decidido mencionar este asunto en este capítulo es porque la inercia a la que nos hemos acostumbrado nos lleva cada día a perder el tiempo y a nosotros mismos con vanos pasatiempos que, como digo, en la mayoría de los casos, ni llegan a divertirnos ni nos ayudan a descansar, es porque me parece una herramienta muy eficaz del sistema que pretende mantener a los humanos aletargados en su inconsciencia. Observa, si no, cómo cuando un miedo late en tu interior pretendiendo ser atendido, buscas rápidamente algo con lo que distraerte. La sociedad se ha esmerado en crear un tremendo parque de atracciones con el que despistarte. Así no tendrás que enfrentarte a tu miedo a la soledad, tu miedo a descubrirte, ni a todos los demás miedos habituales de los que hemos hablado aquí. ¿Estás dispuesto a detenerte a reflexionar sobre la forma que tienes de invertir tu tiempo libre? ¿Cuánto tiempo pierdes en internet o viendo la tele? ¿Qué ganas al hacerlo? ¿Colma tu vacío, tu soledad, tu desasosiego? ¿Te diviertes haciéndolo? ¿De verdad? ¿Te sirve para descansar? ¿De verdad?

Prácticas

1 Cuando sientas miedo, detente. Trae tu mente al presente, obsérvalo y sé consciente de cómo, al permanecer aquí y hora, el miedo se diluye.

2 Cuando un miedo surja en tu mente de forma reiterativa, míralo de frente. Observa qué esconde. Pregúntate cuál es el opuesto de ese temor y presta atención a lo que sientes al enfocarte en lo antagónico. Es muy probable que así descubras cuál es la auténtica raíz de ese miedo.

7.4. LA MUERTE

"La única estabilidad real es la inestabilidad"

Thot

Sólo saben vivir aquellos que han visto los ojos de la muerte, aquellos que la conocen y saben que puede acechar detrás de cualquier esquina. Aquellos que la aceptan y la aman porque saben que en sus ropajes arcanos siempre, siempre, porta vida. Sólo saben vivir aquellos que tienen una conciencia clara del instante, de sí mismos y de su perdurabilidad. Sólo se atreven a vivir aquellos que tienen la certeza serena de que van a morir.

Los dos momentos fundamentales en la vida son el nacimiento y la muerte. En el fondo son lo mismo, y en ambos instantes se nos da una maravillosa oportunidad de tomar consciencia y de evolucionar. Y, si bien puede parecer que en ninguno podemos hacer nada (eso sólo lo puede argumentar el ego), la verdad es que cada uno de nuestros días en la Tierra no es más que un entrenamiento para el momento último en que nuestro aliento se desasirá del cuerpo para continuar con su travesía como alma.

Es una lástima que sólo unos pocos lleguen a ese momento preparados para soltar sus creencias, sus apegos y todo lo inútil que les haya podido contaminar o lastrar durante su encarnación.

Si el ser humano en general tuviera conciencia de la inevitabilidad de la muerte y de lo que ella supone, la humildad conquistaría el lugar ahora ocupado por la soberbia, el ego y el control. Y con humildad, seguro que es mucho más sencillo llegar a la compasión, al amor, a la consciencia de la realidad y por supuesto a la propia vida. Vivir como si la muerte no existiera es lo mismo que vivir atrapado en el miedo a la realidad, porque la muerte, junto al amor, son las dos únicas verdades absolutas que existen. Quien no quiere contemplarla no puede ver la vida, por tanto pasa por ella dormido, caminando de puntillas sobre una mentira que no le ayudará en nada.

La mente dialéctica tiende a asociar con la palabra muerte sólo a la muerte física; sin embargo, de lo que hablo aquí no es sólo de la expiación del cuerpo, sino de cada uno de los finales que vivimos a lo largo de una existencia. Esos que nos permiten vivir muchas vidas diferentes dentro de una misma vida. Hay que saber morir para saber vivir. La muerte es inevitable y nunca está bajo el control de nadie. Intentar escapar de ella nos aboca al estancamiento, nunca al progreso, mucho menos a la vida.

Claro que para aceptarla, para ser capaz de mirarla a los ojos y rendirse ante ella, hay que ser valiente, pues cada muerte es una renuncia a todo lo que creías que eras y poseías. Cada muerte es un nuevo inicio. Si en lugar de hacer uso del valor, te dejas dominar por el miedo y permites que tu ego, aferrado a lo que cree conocer y controlar, gane, tú pierdes.

Si vives la muerte como una parte natural del todo en el que existes, se da como una transformación profunda aunque paulatina, como una energía que te empuja dulce e inexorable hacia lo siguiente. Es cuando la niegas, cuando huyes de ella e intentas dominarla, y da igual si se trata de una pareja, un trabajo o una etapa de la vida, cuando se produce el estancamiento lleno de ansiedad, desasosiego y desconcierto que va seguido de la hedionda putrefacción, esa que socialmente es aceptada como supervivencia, como lo normal, como lo que hay que hacer porque es lo que todos hacen… Pero, finalmente, la muerte se revuelve poderosa y aniquila todo aquello que nos estaba impidiendo avanzar.

La muerte nunca pretende destruir, sólo nos invita a crecer y, para ello, nos espolea hacia lo siguiente. Como hemos visto anteriormente, el miedo a la muerte, mezclado con el miedo a lo desconocido, es fuente de involución, inconsciencia y por supuesto de sufrimiento e infelicidad. Para comenzar un acercamiento sereno a su energía, es necesario cambiar la creencia que la asocia con el desgarro y el final, y comprender que bajo su manto la muerte siempre trae oportunidades que, de quedarnos aposentados en nuestros apegos, nunca tendríamos.

La muerte, junto a la soledad, son las grandes maestras de la verdad. Ambas nos enfrentan como ninguna otra energía a nosotros mismos, a nuestras *no verdades*, a nuestras necesidades, a nuestros apegos… Y ambas nos muestran si realmente estamos en y con nosotros, sacando el máximo partido de nuestros potenciales y de nuestras circunstancias. De hecho, cuando alguien vive al máximo una circunstancia, una relación, una vida, y llega el momento del final, lo vive con agradecimiento, y con la paz que da el saber que ahí ya no había nada más para ti.

Prácticas

Toma consciencia de cuántas vidas diferentes has vivido en una única vida. Por ejemplo, no eres la misma persona que eras cuando tenías veinte años, ni tus circunstancias, relaciones, aspiraciones lo son. Cada vez que una relación ha terminado, tu vida ha cambiado. Si te has cambiado de ciudad, tu vida ha cambiado. Incluso si has cambiado de trabajo, tu vida también ha cambiado.

Muchas cosas se quedan atrás, pero la vida sigue.

Observa qué es lo que más te ha costado de esos cambios y verás a qué se aferra tu ego. Pero sobre todo date cuenta de que, a pesar de la añoranza o de las dificultades, has sido capaz de continuar.

CAPÍTULO 8
LO CORRECTO

*"Lo aceptado no siempre es lo correcto,
y lo correcto no es siempre lo aceptado."*

Anónimo

Una de las mayores cadenas que mantienen a muchos humanos presos de la ignorancia es la creencia que les recuerda que tienen que ser buenos. "Ser bueno" o "ser buena persona" es un concepto demasiado difuso para mí. Más de una vez me he detenido a observar las conductas de aquellos que se empeñan en seguir fieles a esta creencia y, a pesar de la variedad de casos, sólo he llegado a una conclusión: me parece del todo incoherente llamar buena persona a alguien que no se quiere, que no se trata bien, que hace cosas por los demás en contra de sí misma y que ni siquiera es capaz de darse cuenta de todo esto. Una buena persona no debería sufrir, y alguien que se relega a la sombra y a las necesidades de los demás sin tenerse a sí mismo en cuenta, ni poner límites sanos, alguien que está vacío del propio afecto, incluso de sí mismo, y se mueve sólo desde la inercia de una creencia inculcada en su más temprana infancia, con total seguridad, va a sufrir y mucho.

Virginia Blanes

Todos hemos pasado por esa etapa en la que de forma compulsiva se nos repite (desde distintos frentes) que nos van a querer sólo si somos buenos. En este chantaje grabado a fuego desde antes de que tengamos uso de razón, ser bueno equivale a hacer lo que los demás quieren o lo que otros esperan de nosotros, aunque esto suponga ir en contra de nosotros mismos. Según los que nos han enseñado, que ser bueno es fundamental en esta vida, debemos ser sumisos y complacientes, manejables. Si se nos ocurre preguntar por qué o, mejor incluso, para qué, nos darán la gran respuesta: para que nos quieran y para que nos vaya bien. ¿Nos es de extrañar, entonces que, habiendo tanta buena gente, haya tantas personas infelices que no se sienten queridas? Algo falla. Y lo que falla es el precepto base. Los conceptos de bueno y malo tienen tal variedad de matices como seres humanos hay, tantos como estados diferentes puede vivir una persona. Son, probablemente, unos de los conceptos menos absolutos y más arbitrarios que hay; por eso, basar la personalidad, el personaje o la propia vida en esta creencia es hartamente peligroso y nocivo. ¿No sería mejor procurar ser correcto? Que ¿qué es ser correcto? Este término también variará en función del criterio y la consciencia personal; por lo tanto, cada uno tendrá que encontrar, en cada momento, su definición de correcto, pero compartiré con vosotros algunas de las condiciones de "mi" correcto. Estoy a favor de no hacerles a los demás lo que no me gustaría que me hicieran a mí pero, sobre todo, lo que procuro es no hacerme a mí misma lo que no me gustaría que otros me hicieran. Si a esto le sumas lo que ya he compartido contigo y voy a compartir a lo largo del libro, ya tienes mi concepto de correcto. Es mucho más útil, práctico y beneficioso ser correcto que buena persona.

Si aún no estás de acuerdo y te consideras buena persona, plantéate, por ejemplo, si sirve de algo dar y hacer por los demás si no eres honesto y por dentro estás criticando a aquellos a los que "ayudas". Pregúntate si ese desgaste que te genera vivir hacia fuera, pendiente de las necesidades o el mandato de los otros te sirve de algo, si te nutre, si te satisface. O cuestiónate si puedes recibir un castigo mayor que el que tú mismo te auto-impones al olvidarte de ti, mientras esperas que los demás te quieran y te reconozcan. Ahora, sólo tienes que ser consecuente con las respuestas que te hayas dado, siempre y cuando hayas sido sincero al dártelas, claro está.

Un ejemplo común es nuestra resistencia a decir no. Nos han educado en el imperativo deber de decir sí, porque eso, supuestamente, es lo que hacen las buenas personas. Lo que olvidaron fue explicarnos que no debemos decir sí cuando esto implica faltarnos al respeto; o cuando diciendo sí, en realidad, no ayudamos y lo que creamos son conductas co-dependientes; o cuando estamos agotados y no tenemos nada más para dar; o cuando... Hay muchas excepciones en que decir sí, nos mantendría bien colocadito el cartel de buena persona, pero nos generaría dolor mientras nos mantendría lejos del camino de lo correcto.

Una vez más, tendremos que hacer uso del valor, pues con miedo es imposible discernir qué es lo correcto, y mucho más aún, llevarlo a cabo.

Prácticas

Busca todas las conductas y las inercias que mantienes para seguir siendo "bueno". Todos aquellos comportamientos que parecen normales pero son llevados a cabo por ti, a tu pesar.

Cuando los hayas encontrado, busca el "para qué" los mantienes, qué ganas con ellos. Es muy probable que puedas obtener la misma ganancia sin ir en tu contra.

Revisa también qué pierdes al mantener estas reiteraciones.

8.1 TÚ, YO Y LOS OTROS

"Si algún día tienes que elegir
entre el mundo y el amor, recuerda lo siguiente:
Si eliges el mundo, probablemente te quedarás sin amor.
Pero si eliges el amor, probablemente conquistarás el mundo."

Einstein

Mientras haya una consideración de tú y yo, de lo mío y lo tuyo, de los otros, permaneceremos en el dolor, en la mentira y en la rueda infinita que nos aprisiona y nos despista a través de la búsqueda externa.

Presos de la forma, de la apariencia de la forma y de los límites que consideramos que esta conlleva, nos dedicamos a salir de caza. La caza mayor consiste en conseguir presas que tengan aquellos dones o aquellas cualidades que no logramos hallar en nosotros mismos; seguro que las tenemos, pero por falta de práctica no las hemos desarrollado, tal vez ni siquiera las conozcamos y, al sentir esa sensación de carencia, nos dedicamos a escrutar a otro que pueda cubrirnos ese hueco. La caza menor es igual de inútil pero mucho más deleznable y, por desgracia, tan común como la mayor. En este segundo tipo, lo que se buscan son presas facilonas, consideradas (evidentemente por nuestro ego) como seres inferiores a nosotros, carroña sobre la que volcar nuestro juicio, nuestra rabia y todas aquellas emociones que no hemos sabido ubicar. Así, el ser humano se pasa la vida perdido entre una búsqueda y la siguiente, con la profunda frustración de saber que su vacío, ese que sólo puede llenar él mismo de sí mismo, se va haciendo más grande cada vez. Y, si bien podemos decir, que mientras estemos en este plano de encarnación, las relaciones son necesarias y que incluso pueden ser muy enriquecedoras, podemos afirmar de una forma aún más categórica que la forma en la que entramos en ellas suele ser absolutamente errónea, y por tanto, dañina.

Debajo de todo esto subyace esa nostalgia que no todos saben definir pero que todos, a distintos niveles, sentimos. Esa sensación tan particular que es de alguna manera necesaria, pues supone el gran motor que puede empujarnos a encontrarnos a nosotros mismos y, por tanto, nuestro camino. Lo malo es que asimilamos esa apariencia de separación y permitimos que nuestro interior se contagie de ella. Así, de forma demasiado temprana (como máximo a los tres años), comenzamos a buscar nuestra identidad en función de lo que vemos fuera, de lo que dicen que se espera de nosotros, limitándonos, alejándonos de nuestra esencia y de nuestra totalidad. Lejos de percibir el absoluto que forma nuestra alma, nos dedicamos a permitir que la mente dialéctica y el ego acoten, limiten y cercenen lo que somos. Adoptamos las cualidades que nos dan una aparente seguridad, las que nos pueden ayudar a mantener el sentimiento de pertenencia, mientras renegamos de aquellas que nos pueden hacer brillar demasiado, porque tememos que nos separen de los otros, y escondemos aquellas que les resultan molestas (aunque no sean incorrectas) a nuestros padres (primero) y a nuestros seres queridos y ansiados (después). Enquistamos los puntos débiles que supuestamente nos pueden facilitar la atención, el cobijo y el consuelo de otros. Sin darnos cuenta de que cada vez que nos parcelamos, nos adentramos más en los límites y nos alejamos más del amor. Nuestro ego comienza así a ganar la batalla y, de

Del ego al ser

una manera mecánica, nos acostumbramos a vivir en un conflicto constante contra nosotros mismos. No importa en qué bando creamos que estamos, se mire por donde se mire, es una pugna entre nuestra luz, que está formada por todo aquello que aceptamos y potenciamos en nosotros, y nuestra sombra, formada no por lo malo que pueda vivir en nuestro interior, sino por todo aquello que ignoramos de nosotros mismos, por todas aquellas parcelas que no hemos querido aceptar como propias y preferimos identificar sólo en lo ajeno. Si te detienes a observar, verás que en los otros no identificas sólo cosas feas, también buscas en ellos las cualidades que por algún motivo te has negado a ti mismo. Por eso, dependiendo de cuál sea tu sintonía, encontrarás de forma reiterativa cosas como ternura, inteligencia, seguridad... o debilidad, dependencia, rabia... Encuentres lo que encuentres, aunque no quieras reconocerlo y ubicarlo, está en ti.

En la pareja, por ejemplo, la gente busca ser amada de una forma que no se siente capaz de amarse a sí misma. Sin embargo, mientras no seas capaz de amarte y de tratarte como deseas y esperas ser amado y tratado, no podrás percibir ese amor fuera de ti. Nada ni nadie puede obligarte a ser amado. Además, cuando alguien que no se ama percibe el amor en otro, lo que siente es un terrible pánico a que el otro lo vea tal como él se ve y, automáticamente, se cierra, imposibilitando que el amor le llegue, y se marcha, juzgando esa energía desconocida, justificando su cobardía, enrocándose en su ego.

Dicho de otro modo, mientras uno no se descubre completo, no puede juntarse de forma equilibrada e igualitaria con los otros. Al estar en inconsciencia y en ego, sólo te unirás con aquellos que crees que van a cubrir tus supuestas carencias. Así no te responsabilizas de ti. Así lo único que logras es entrar en exigencias, en demandas, en expectativas, en condicionamientos y, evidentemente, en las posteriores decepciones. Así sólo se pueden vivir relaciones de dependencia, ya que la autosuficiencia implica consciencia del absoluto interior; mientras espero que mis huecos sean cubiertos por algo externo, dependo de eso externo.

Mientras procuras descubrir, conocer y aceptar a ese ser absoluto y esencial que te forma, puedes prestar atención al tipo de relaciones que mantienes. Las relaciones son necesarias pero, como sucede con todo, de ellas se puede hacer un buen o un mal uso. Trabajándolas de una forma positiva puedes utilizarlas para ver, por ejemplo, qué tipo de personas atraes a tu vida; por qué tipo de personas te sientes atraído; qué sacan de bueno y de malo en ti; qué esperas que te cubran, etc. Lo idóneo, claro está, es que este juego lo realice tu yo observador y no el juez dependiente que se olvida de sus responsabilidades. Puedes, por ejemplo, observar cómo han variado las cualidades y los caracteres de las personas que llenaban tu círculo íntimo hace años, a las que lo llenan ahora. Si nada ha cambiado es probable que tengas que revisar en profundidad tus apegos, tu tendencia a la comodidad, tu miedo al cambio y algunas otras cosas, porque lo natural es que, según maduramos, las personas que lleguen a nuestra vida también sean más maduras, diferentes a cómo éramos nosotros hace unos años. También cabe la posibilidad de que tu círculo haya madurado a la par que tú, pero eso es realmente inusual. Lo normal es que la gente adapte su mirada para no tener que decir adiós y mientras tanto vaya forjando la costumbre de la queja, basada en la insatisfacción de la falta de avance, y se consuele con criticar a los que están a su alrededor. Esto es tristemente común en las relaciones de pareja. Hablemos un poco más de esas, las relaciones de pareja, que tan confusos y tristes tienen a gran parte de los seres humanos. Casi todas comienzan de la misma forma, obviando las diferentes segregaciones hormonales con que ambas partes vibran al principio: me centraré en los deseos inconscientes de los tortolitos. Ambos, al descubrir al "otro" (ya empezamos con la separación), ven sólo las cualidades que están buscando para cubrir sus insuficiencias, para sentirse completos. Por supuesto, el "otro" no es perfecto, también tiene zonas oscuras, defectos o carencias; sin embargo, la mirada del amor hace que todo eso se pase por alto, que no se registre, o que se vea de una forma absolutamente benevolente. Toda la energía emocional se concentra en el subidón hormonal, y toda la energía mental se recrea una y otra vez en fantasear con los posibles desenlaces (felices, por supuesto), que llenarán de gozo la vida de ambos, regalándoles el relleno de sus huecos y otorgándoles una completitud, un cuidado y una calidez que ellos no han sido capaces de darse a sí mismos. En el camino de ese deseo de experimentar, de compartir y de fusionarse se cruzan, demasiado pronto, las expectativas -que, recordemos, siempre traen decepciones-, los miedos, las exigencias y los límites. En general, las mujeres, que últimamente van con el cartel de "Yo también quiero libertad" o "Tranquilo yo no quiero casarme", más pronto que tarde se desdicen del reclamo de su pancarta y piden más cercanía, más compromiso, más control, más, más, más. Por su parte los hombres, que, pobrecitos, con la mezcla de tanta contradicción entre el sexo femenino y la educación recibida, no tienen claro cuál es su papel, compran de buen grado el cartel propagandístico sin darse cuenta de que es sólo una *no verdad* más que vende bien en la sociedad actual. Y, sintiéndose bastante desubicados y sin acertar cuál debe ser su auténtico rol, ven como se cae su supuesta autosuficiencia y su supuesta madurez, dejando al descubierto al adolescente eterno que muchos llevan dentro y que no se siente capacitado para cubrir las expectativas de ella. Ellos también necesitan más cuidados, pero menos control. Y ¿compromiso? No el que ellas exigen, eso casi seguro.

Aunque no en todas las relaciones se dan las mismas demandas, he elegido un ejemplo que suele ser bastante común. Ella no se siente comprendida, cosa que es normal porque ni siquiera se comprende a sí misma. Él no soporta el peso de las exigencias y tampoco se siente comprendido. Ella no se siente cuidada, cosa igualmente normal; él tampoco. Y así podría continuar casi infinitamente. Donde antes sólo había descubrimiento, ahora se instalan las rutinas. Todo lo que antes se observaba con los ojos del amor, ahora se mira desde la suspicacia. Los silencios compartidos, que antes eran sagrados, ahora se convierten en una excusa perfecta para que anide la desconfianza y emerja la soledad. Las palabras dulces que siempre calificaban al otro se transforman en quejas y en críticas cada vez más pródigas y más irrespetuosas. Y, de esta manera, la pareja va a asumir, con miedo, que así no van bien, dando forma a su propio código.

He conocido a demasiadas parejas que convierten las discusiones encarnizadas en su rutina y se justifican diciendo tonterías del tipo "Las reconciliaciones son lo mejor" o "Todas las parejas discuten". Otras se habitúan a la crítica constante que va destruyendo el corazón de ambos, y lo hacen con tal asiduidad que llegan a no darse cuenta de que lo están haciendo. Podría detenerme a analizar lo que esconden estos y otros hábitos tan comunes como dañinos, pero no es el propósito de este libro. Así que sólo resaltaré la importancia de revisar qué tipo de cosas te parecen normales en una relación. De verdad, si cualquiera de esas cosas que te parece normal, porque te has acostumbrado a vivirla, implica falta de respeto, falta de calidez, falta de acogimiento o falta de escucha y comprensión, te aseguro no sólo que no es normal, por muy común que sea, sino que es nociva y altamente tóxica para tu corazón, para tu vida, para ti.

Claro que, volviendo un poco atrás, veíamos que tus relaciones no son más que el reflejo de ti mismo y de la forma que tienes de relacionarte contigo. Si te tratas a gritos, de una forma despectiva y con exigencias, no puedes esperar algo diferente fuera. Tu nivel de tolerancia al maltrato externo es proporcional al maltrato interno al que tú te sometes. Si te tratas a gritos, te parecerá normal que los demás te griten. Si te insultas, aguantarás que los demás te insulten. Sin embargo, si te tratas con ternura, con amor, con delicadeza, no podrás tolerar que nadie te trate de otra forma. Es así de sencillo.

Y sea como sea tu forma de relacionarte, recuerda que todo lo que supone un límite, una exigencia, una expectativa, una dependencia o un miedo no es amor.

Las guerras, que son la forma manifiestamente más opuesta al amor, surgen de la imposición de límites y de la separación. Comprendo que en nuestra sociedad es realmente complicado dejar de vivir basándose en los "quiero/no quiero"; de hecho, quien lo consigue alcanza la iluminación. Pero sin tener que llegar a ello, sí somos perfectamente capaces de ir desmontando demarcaciones que sólo sirven para mantener una falsa sensación de poder, de seguridad y de control; de ir deshaciéndonos de exigencias, de ir firmando treguas internas que logren el cese de la guerra que vives en tu interior. Esta es la forma de iniciar el camino del amor.

8.2 TODOS SOMOS ESPECIALES, NADIE ES ESPECIAL

"Todo el mundo piensa en cambiar a la humanidad, pero nadie piensa en cambiarse a sí mismo."
León Tolstoi

"Existe al menos un rincón del universo que con toda seguridad puedes mejorar, y eres tú mismo."
Aldous Huxley

Cuando pasas tantos años mirando, observando y escuchando a personas, es inevitable encontrar puntos comunes en muchas de ellas. Conductas o necesidades que las igualan, independientemente de sus credos, de su inteligencia, de su condición social o de su edad. Comprendo que cada cual está en su momento de evolución, que cada cual tiene su propio camino y su ritmo personal; comprendo que no puedes empujar a nadie ni a avanzar, ni a ver lo que no está dispuesto o preparado para ver. Sin embargo, aún no he logrado dejar de sentir cierto grado de pena cuando observo cómo en algunas personas se mezclan necesidades no reconocidas con temores básicos, y veo lo dañina que puede ser esta combinación si esas personas acaban en las redes de los falsos gurús y los falsos profetas. Y es que la mayor parte de la gente que decide introducirse en el "mundillo espiritual" lo hace movida por un trauma no resuelto, por una profunda sensación de soledad, de desubicación o de vacío, o empujado (sin saberlo) por la pulsión de una herida profunda y antigua que requiere ser sanada. Sin criterio, con su pasado indigesto y sin conocimiento de sí mismas, suelen perderse en la necesidad absoluta de sentirse reconocidas, especiales, diferentes, superiores, capaces de ayudar, sanar e incluso salvar a los demás. Cuando se erigen sobre esta necesidad raramente asumida, caen en el "Yo ya", que es la peor de las trampas en las que puede caer un alma en evolución, y se dedican a juzgar todo aquello que les pueda enfrentar a sí mismos, o que les pueda mostrar dónde abandonaron la senda del avance. Olvidan que el camino nunca consiste en convertirse en alguien especial; el camino para ser andado requiere que recordemos quiénes somos y que nos atrevamos a ser. Y esto no se logra a través de la comparación.

Cada vez que un individuo necesita sentir que es especial o que tiene una misión exclusiva, está ciego ante su cualidad sagrada y, desde luego, no está reconociendo la divinidad de los demás. Personalmente a esto no lo llamo ni consciencia, ni elevación, ni amor, lo llamo soberbia. Y como tantas otras formas de soberbia, nace de la desubicación interna y de la necesidad de lograr un reconocimiento externo que nunca va a cubrir la ausencia del reconocimiento interno.

Sería interesante que la gente comprendiera que cada ser, independientemente de su credo, de su cultura, de su raza, de su posición social, de sus gustos sexuales o de su edad, es imprescindible en "la red universal". Somos micro células que forman parte de algo mucho más grande. Cada vez que una de esas células deja de llevar a cabo su misión (sea cual sea), impide, o cuando menos retrasa, que otros lleven a cabo la suya. Imaginad, por ejemplo, a alguien que haya nacido para descubrir la magia de la alquimia a través de la cocina y que, al hacerlo, no sólo avanzará sino que además hará felices a muchos gracias a sus artes

Del ego al ser

culinarias. Con el fin de ponérselo más fácil y poder emprender su auténtico camino cuanto antes, ha elegido como madre a una excelente cocinera que ya maneja este arte. Pero justo después de su nacimiento, la madre, sobrepasada por sus propias circunstancias, decide no volver a perder el tiempo cocinando. Los motivos o, mejor dicho, las excusas para dejar de hacer lo que debe hacer pueden ser extensísimas: porque nadie lo valora, porque se siente esclava, porque no tiene tiempo, o por mil cosas más que, aunque no sean ciertas, puedan justificar su decisión. Así que ese niño crecerá a base de comida congelada y platos precocinados y tendrá que esperar muchos años para poder acceder a una sabiduría que podría haber "mamado" desde su nacimiento. La madre no podrá impedir que él sea quien ha de ser, pero para ambos habría sido mucho más cálido y sencillo si ella no se hubiera desconectado de sus dones. Aun así, ni podemos, ni debemos juzgar a la madre, porque tal vez, sólo tal vez, su renuncia de sí misma y toda esa comida basura con la que alimentó a su hijo, fueran el motor que impulsó a este a buscar el auténtico arte de la cocina. Sí, esto también pasa, sin la sombra no puede existir la luz, y a menudo los humanos necesitan revulsivos que les muestren un extremo deleznable para ir en busca de su opuesto. Lo ideal es mantenerse en el centro. Esto es posible, pero para lograrlo hay que conocerse más allá de los límites y las *no verdades* que sostienen la falsa seguridad y la cómoda identificación; y hay que ser consciente de que en nosotros están todos los potenciales, absolutamente todos. Si no lo haces, atraerás a todos aquellos arquetipos y rostros de ti mismo que no estás queriendo ver, hasta que te des el permiso de desarrollarte como tu mejor posibilidad, como tu mejor manifestación. Que los atraigas de una forma dura, extrema y abrupta, o como seres a los que admirar y que te hacen aportaciones valiosas y cálidas, dependerá exclusivamente de tus vibraciones mentales y del amor con el que te trates a ti y a la vida.

Espero que haya quedado clara la importancia de dejar de necesitar sentirse especial, de ser consciente de que todos somos igual de especiales o al menos de imprescindibles. Claro que en una sociedad que educa en la competitividad y vende la falacia de la importancia de la fama, aun a costa de perder la dignidad, esto puede ser difícil de digerir. No importa que sea más que evidente, que los valores de plástico que se erigen como únicos objetivos importantes para ser feliz hayan dejado de manifiesto no sólo su inutilidad, sino también sus peligrosas contraindicaciones para el alma y para el corazón. Por un lado, la competencia es absurda porque lo que hago, por ejemplo yo, como lo hago yo, sólo lo puedo hacer yo. Otros lo podrán hacer mejor o peor, pero en cualquier caso será diferente. Habrá personas que requieran mi forma única de hacer, y habrá otras que requieran la forma igual de exclusiva de otros. Creer en la competencia introduce a la gente en el campo de la comparación y de la exigencia, pero no de la exigencia que me puede llevar a dar lo mejor de mí, sino a la de la imitación, a la de intentar ser como otros y superarlos, o a destruirlos si no llego a sentirme superior a ellos; así nunca descubriré mis auténticos dones. Además, si crees en la competencia, abres las puertas al miedo. Al temor a que otros usurpen tu lugar. Cosa que, si eres auténtico, si haces lo que de verdad debes hacer, es imposible. Hay un lugar para cada cual y no hay lugares mejores o peores, más o menos especiales, todos son fundamentales. Lo que al

Del ego al ser

ego, contaminado por el inconsciente colectivo y aferrado a las normas sociales, le cuesta aceptar, es que sólo siendo fiel a tu esencia, sólo haciendo lo que has venido a hacer, sólo ocupando el lugar que te corresponde, puedes ser feliz. Si no, dará igual cuánto dinero ganes, cuán alto sea tu atractivo o cuánta fama alcances; si no estás ocupando tu lugar, mantenerte en esa obligada desubicación te traerá estrés, desasosiego, frustración y sufrimiento.

No es importante que te reconozcan, no sirve de nada ser famoso; lo fundamental, el objetivo real, es convertirse en una persona de éxito. En alguien que brilla sin temor a que los otros le rechacen o le critiquen. En alguien que manifiesta plenamente sus dones y se ocupa de hacer lo que ha venido a hacer, mientras es consciente de que está andando su camino de realización.

Realizar significa hacer algo real y efectivo. Realizarse implica hacerse real, manifestarse, llevar a efecto la misión personal. La realización individual me parece una de los objetivos más importantes a alcanzar, tal vez el único a tener en cuenta. Mientras una persona no comience su vía de realización, sea cual sea, se mantiene atrapado en dejarse llevar, en el "hacer para y por otros", mustiándose en la espera del reconocimiento y el agradecimiento de los demás, que están igual de atrapados que ella. Este es un círculo vicioso de falta de amor y falta de consciencia en el que nadie puede penetrar como salvador, pero del que, menos mal, se puede salir. ¿Cómo se puede pretender salvar a otros cuando no estás siendo quien has venido a ser, cuando no estás disfrutando de tu misión personal, cuando no eres consciente de que todo es un juego? ¿Cómo puedes pretender salvar a otros cuando necesitas ser salvado? ¿Cómo te atreves a dar consejos cuando tú no has encontrado el camino de la felicidad y buscas a quien te pueda guiar?

Otra de las cosas que suelo observar son las ganas que mucha gente tiene de montar "grupos" de diversos tipos que persigan objetivos "elevados", del estilo (salvando las diferencias) de las antiguas comunas. A esta gente es muy complicado hacerles entender que ese tipo de uniones no puede pasar de la mera utopía. Hasta ahora no han funcionado y de momento, tal y como está el ser humano, no lo van a hacer. Es muy sencillo: para que un grupo conviviera de forma armónica y aunara sus esfuerzos en objetivos comunes, esas personas deberían tener un ego absolutamente educado, centrado y correcto. Pero como esto no sucede ni en aquellos que parece que no tienen ego, lo que termina pasando es que los integrantes de la bonita fantasía terminan enzarzados en guerras de poder en las que intentan imponer su criterio, su manera de ver y hacer las cosas, y en las que se comienzan rápidamente a descubrir los "defectos" de los demás y... O eso, o alguien asume el papel de líder y todo continúa igual sólo que disfrazado de bonita macro familia feliz. Es evidente que si no eres capaz de mantener la paz contigo mismo y vives tiranteces y luchas de poder o desacuerdos en una familia pequeña, cuanta más gente se sume, más normales serán esas discrepancias. Y si, en lugar de estar unidos por vínculos afectivos, los integrantes están ligados sólo por fantasías comunes, será casi imposible que sus buenos propósitos lleguen a buen término. Normalmente los experimentos se disgregan, y lo que habían iniciado con tanta ilusión se acaba prontamente, con el amargo sabor de la decepción o incluso de la traición. Un sabor que merma su fe o su consciencia de la realidad humana actual. Es una pena que les cueste (por su ego dañado y sus ilusiones rotas) sacar provecho de la experiencia.

Actualmente vivimos un tiempo intenso y muy complicado en que las grandes asociaciones no son un objetivo coherente. Lo fundamental es que cada uno se ocupe de sí mismo, de hacer por sí y desde sí, todo lo que esté en su mano. Si cada uno de nosotros nos comprometiéramos con este objetivo "personal" y de verdad lo lleváramos a cabo, eso sí revertiría de forma directa en el resto. No es cuestión de dar consejos o decir cómo hay que hacer las cosas, es cuestión de brillar, de ser y de esa manera dar el permiso a los otros para que sean. Es tiempo de recordar con el propio ejemplo que se puede vivir de otra manera. Sólo dando el paso del "uno" podremos llegar a dejar de vivir la separación.

8.3 EL AMOR

"El amor no se enseña, aunque para amar hay que aprender a hacerlo."

Virginia Blanes

Considero que el Amor es, por decirlo de algún modo, la única energía absoluta que existe. Es nuestro nutriente primero y el objetivo final de nuestra incansable búsqueda. Es el motor que impulsa a nuestras almas y es por su olvido, nunca por su ausencia, por lo que nos perdemos y sufrimos. Pero muchas veces, sin querer, o sin saber, lo descuidamos, y en el lugar que le corresponde sembramos miedo; es entonces cuando podemos ser presos de la oscuridad. De hecho todos somos presos de la oscuridad a distintos niveles, porque aún no hemos alcanzado el estado sublime del amor primero, ese desde el que no se vive la separación, ni se necesita nada, porque somos conscientes de que somos todo.

Y siendo el amor, como he dicho, nuestro principal sustento y el objetivo que todos ansiamos ¿por qué nos empeñamos en conductas beligerantes que reiteradamente nos alejan de él? Son muchas las respuestas, dediquémosle un tiempo a algunas de ellas.

Para empezar, todos nosotros hemos nacido en un planeta altamente contaminado por las creencias negativas, esas de las que hemos venido hablando y que nos inculcan, desde que nacemos, conceptos tan dañinos como: "Nadie te va a querer como tu madre" (aunque tu madre no se quiera a sí misma y por tanto no te sepa querer). O "Quien bien te quiere te hará llorar" (menudo nivel que tienen algunos decretazos). O conceptos tan errados como el que confunde amor con enamoramiento y te previene recordándote que el amor siempre se acaba. O un largo etcétera, que tienen como base común la siembra del miedo y que dan por hecho de mil formas diferentes que quien se atreva a amar tiene que estar prevenido del sufrimiento que, según muchos ignorantes, viene siempre de la mano del amor. No estoy de acuerdo ni con estas, ni con el resto de las creencias que existen al respecto. Lo cual no ha impedido que, en ocasiones, haya terminado medianamente contaminada por ellas, no olvidemos que también soy humana y, como tal, estoy expuesta al inconsciente colectivo, ese que está cimentado sobre las pruebas fehacientes de todos los que han sufrido por "amor"; ese que se alimenta a diario de todas las lagrimas derramadas por "amor". Es cierto, todos hemos experimentado "penas de amor", o conocemos a alguien que las ha padecido. Sin embargo ¿quién conoce a alguien que no haya sentido dolor mientras estaba amando? Es más ¿quién conoce a alguien que sea una manifestación del amor en su estado inalterado? Es por eso por lo que nos resulta más sencillo creer que el amor siempre vendrá acompañado de sinsabores, que el amor es difícil, que no es un absoluto, que en el momento que lo encuentras empiezas a perderlo. Pero que sea más sencillo no quiere decir que sea cierto; es más, no lo es. El problema es que llevamos demasiado tiempo llamando amor a cosas que no lo son. Por ejemplo, siempre asociamos amor con relación (sea del tipo que sea, pero sobre todo de pareja o paterno-filial). Si comenzamos restringiendo el amor a las relaciones, si empezamos poniéndole un límite a su esfera de posibilidades y de existencia, nunca podremos llegar a descubrir lo que es en verdad el amor.

Virginia Blanes

Todo lo que implica un límite no es amor. Es nuestro ego el que, acostumbrado a sus propias cadenas y a parcelarlo todo para poder controlarlo, se empeña en definir e identificar lo que es amor para diferenciarlo de lo que no lo es. Pues bien, todo lo que nace del el ego o está bajo su auspicio no es amor. Como hemos estado viendo, el mejor alimento y la más sólida base del ego es el miedo y el miedo es, justamente, lo opuesto al amor. Debemos, pues, trascender el ego, la experiencia y la identificación con el "yo", para poder acercarnos al auténtico amor. Qué difícil ¿verdad? Bueno, procuremos comenzar poco a poco, reconquistando pequeños territorios para nuestro corazón, dándonos permisos para liberarnos, para avanzar, para ser felices. Claro que, si de verdad queremos hacerlo, si pretendemos darle un mayor espacio a nuestro corazón y restárselo a nuestros miedos, tenemos que empezar aceptando el dolor. Es el dolor lo que nos une o lo que nos iguala a todos, independientemente de nuestra condición racial, cultural, política o económica. Todos nosotros guardamos una herida provocada por la separación primera. A nivel espiritual podría hablar de la separación inicial desde la que una única alma se convirtió en una multiplicidad casi infinita, dando forma a los humanos, a los ángeles y a todos los seres existentes. El recuerdo inconsciente de esa separación genera en nuestro interior una añoranza indescriptible que, de distintas formas, nos recuerda que tenemos que volver al Hogar. A un nivel humano todos volvemos a vivir esa separación, como mucho, a los tres años de vida, en el momento que tomamos consciencia de que nuestro padre y nuestra madre son seres individuales que existen separados de nosotros. En ese instante revivimos una

Del ego al ser

cierta sensación de abandono, de desprotección y de soledad. Esta separación humana es necesaria, imprescindible si queremos crecer, evolucionar, volver a casa. Sin embargo, es a raíz de ella, cuando comienzan a surgir nuestros problemas. Aunque se puede vivir de muchas formas, la mayoría de la gente, debido a la temprana edad a la que se reactiva ese dolor, no es capaz de ubicarlo de forma adecuada; y al no hacerlo comienza a llevar a cabo sus cesiones de poder, esas de las que se nutre la irresponsabilidad. Además, lo normal es intentar amortiguar el dolor generado por esa toma de consciencia, y a raíz de ese momento es cuando surgen dos conductas muy humanas: la primera es la propensión a "venderse" con tal de ser querido y permanecer a resguardo de la soledad. La tendencia a convertirse en lo que crees que quieren los demás en lugar de descubrir la autentica motivación personal; la mala manía de estar mirando hacia fuera en lugar de observar lo interno. La segunda es la conducta adictiva. Todas las adicciones, sean del tipo que sean, nacen como placebos que supuestamente adormecen nuestro dolor. Vamos variándolas con el paso de los años, pero, sean cuales sean, lo único que buscan es anestesiarnos. Algunos consiguen mirar, de vez en cuando, ese sentimiento que nos acompaña a todos. Otros lo ocultan de sí mismos y crecen acaudalando sufrimiento, rabia e incluso ira. Pero pocos, muy pocos, logran aceptar ese dolor. Y lo que sucede mientras no lo aceptamos es que tememos que las circunstancias puedan reabrir la herida. A un nivel consciente buscamos amar y ser amados, pero a un nivel inconsciente tememos que al amar se repita esa sensación de separación o de abandono que nos causó tal quebranto. Por eso, la mayoría de la gente comienza sus relaciones con duros matices de desconfianza y de temor. Así no se puede amar, así no se puede ser amado. Aunque ya lo he dicho, lo repetiré: el miedo es el opuesto al amor. No podemos entregarnos si la desconfianza nos acompaña. No podemos recibir nada si nos perdemos tras las murallas del temor. Incluso los pocos que inician una relación sin estar maculados por estas dos energías terribles les dan cabida cuando la persona objeto de su amor actúa de alguna forma inconveniente para ellos. La expectativa y el modelo idílico creados por la necesidad y la carencia se caen. Entonces se comienza a vislumbrar la realidad, y en lugar de observarla, aceptarla y celebrarla, la gente se empeña en aferrarse al deseo y, ante lo innegable, se comienza a cerrar como precaución ante "daños" mayores.

¿Cuál sería la actitud correcta? Para empezar hay que asumir que, independientemente de las circunstancias, el dolor primero, ya sea de una forma sutil o intensa, nos va a acompañar siempre, pero eso no supone ningún problema. Por muy real que sea el dolor, el sufrimiento es opcional. Es decir, se puede vivir el dolor sin sufrir. Como hemos venido viendo, el sufrimiento nace de la ignorancia, del regodeo en las penas pasadas y por supuesto de la falta de aceptación. El dolor no es el opuesto de la felicidad, pues la felicidad no es más que un estado de serenidad sostenido, y la aceptación del dolor nos lleva hacia esa ansiada serenidad. Lo segundo es, sin perder ni el respeto ni el amor por uno mismo, amar a pesar y por encima de los miedos, sean cuales sean. No es cuestión de dejar que nos dañen, es cuestión de no dañarnos nosotros, cerrando las puertas cuando algo no cumple nuestras expectativas. Es cuestión de no renunciar al amor que sentimos cuando las cosas no salen como esperábamos. Fíjate, por ejemplo, en la actitud más común ante una ruptura de pareja. Normalmente, al menos uno de los involucrados sigue amando a la otra persona, pero lo normal es que se concentre en todo lo "malo" para dejar de amarle porque cree, equivocadamente, que así va a dejar de sufrir. Si en lugar de eso se diera tiempo y pusiera ese mismo empeño en aceptar, descubriría que el sufrimiento se desvanece mientras puede seguir amando sin angustia, sin necesidad y por supuesto sin sufrir. Es incoherente y muy tóxico el empeño que muchas personas ponen en dejar de amar. Y en parte lo hacen porque confunden el amor, que es un sentimiento puro, con emoción. Los sentimientos nacen y se sienten primero y principalmente en nuestro corazón. Las emociones, sin embargo, nacen de nuestras percepciones (usualmente contaminadas por nuestros mapas mentales y nuestras memorias), de nuestros deseos y de nuestros miedos y se perciben en las tripas y en la boca del estómago, nunca en el corazón. Los sentimientos nos nutren, mientras las emociones nos alejan de nuestro centro y nos empujan en montañas rusas que nos impiden rozar la serenidad. La diferencia es evidente, y creo que las ventajas de los sentimientos y las desventajas del desbordamiento emocional, también.

PARA AMAR, HAY QUE ASUMIR EL RIESGO DEL DOLOR.
En verdad el amor no implica dolor. El Amor es la conexión consciente y constante con tu esencia real; en él no hay ni esfuerzo ni vacíos. El amor se nutre y se auto-recompensa a sí mismo. El amor no pide, no espera, no exige, no limita, no condiciona. Son nuestro ego y todas nuestras sensaciones de ca-

rencias los que entorpecen su grandeza y nos llevan a dilapidarlo con un montón de condicionamientos, de demandas, de ficciones, de barrotes. No hacemos esto de una forma consciente, de hecho todos buscamos amar y sentirnos amados. Esta búsqueda es el reflejo de la que nos tiene que llevar al reencuentro con nosotros mismos. Pero de nuevo comenzamos buscando fuera, olvidamos que no podemos amar a otros, más que en la medida en que seamos capaces de amarnos a nosotros mismos. Es más, la mayoría de la gente que no es capaz de amarse a sí misma no va a tolerar que alguien más la ame. Porque cuando alguien que tiene el corazón cerrado descubre el amor se suele "quemar". Percibe la miserabilidad con la que se está tratando, la limitación de su visión, su oscuridad y, al no sentirse merecedora teme, sobre todo, que el otro la descubra con los ojos con los que ella se ve a sí misma. Porque teme sentir dolor, porque no lo ha aceptado, porque no se ha atrevido a mirarse con ternura, con calidez, con compasión, con los ojos del amor. Esta combinación, tristemente, lleva a la gente a huir del amor, incluso a desacreditarlo y a destruirlo cuando de verdad lo encuentra.

Es por eso fundamental que comiences por ti mismo. Eres la única persona que siempre va a estar contigo. Puede que a veces te parezca que no eres todo lo que necesitas, pero siempre serás todo lo que tengas. Si te observas, si te atreves a descubrirte, a conocerte, a convertirte en tu mejor amigo y en tu mejor amante, irás desvelando la esencia absoluta que te forma y que, exenta de agujeros, no requiere de nada ni de nadie para estar completa. Sólo cuando te descubras en tu totalidad podrás entregarte y recibir el amor, porque el auténtico amor trasciende los límites del enamoramiento, de los juicios y de todo aquello que es temporal y limitado. Por eso, cada vez que te polarizas en tus carencias y te vives fragmentado, te alejas de esa sagrada energía que es en realidad el Amor.

AMAR NO ES DAR, AMAR ES SER Y PERMITIR SER.

Virginia Blanes

8.4 LOS MAESTROS DEL AMOR

"La mediocridad, posiblemente, consiste en estar delante de la grandeza y no darse cuenta."
Gilbert K. Chesterton

Este apartado es un pequeño homenaje a todas aquellas personas que son capaces de amar y hacer lo correcto, asumiendo la soledad y el rechazo que esto suele llevar implícito. Porque los maestros del amor no son personas ñoñas, ni débiles, ni se dedican a hacer lo que otros demandan o esperan. Al contrario, son personas fuertes y valientes, capaces de empujar a aquellos que aman hasta el borde de sus precipicios para que recuerden que saben volar. Son unas pocas personas que asumen el rechazo que pueden provocar en aquellos a los que no mienten, para que descubran su verdad; en aquellos a los que no sostienen, para mostrarles que son capaces sin necesidad de ayuda; en aquellos cuyo poder no cogen, para que asuman su responsabilidad. Son personas que suelen caminar solas, porque no se venden por el vano sentimiento de pertenencia; personas que suelen ser traicionadas por los mismos que han recibido su amor incondicional; personas envidiadas por todos aquellos que no saben mirar. Son personas que no abandonan el camino de su alma porque el de su ego parezca más sencillo. Personas que resurgen desde el mismo centro de su agotamiento, porque saben que sus pasos tienen un sentido y eso es más que suficiente para continuar. Para ellos, por pocos que sean, mi reconocimiento y mi gratitud.

Tal vez te hayas cruzado con alguno. Puede que fuera una pareja que te dejó porque eras demasiado dependiente, o un maestro que no te dijo que eras especial y te exigió más, o un amigo que no te sostuvo porque si lo hubiera hecho te habría impedido salir del agujero en el que estabas o creías estar. Tal vez fuera incluso un padre o una madre que con su comportamiento te mostró todas las formas existentes de desamor e infelicidad, para que tú pudieras buscar tu propio camino y mejorar. Incluso aunque sus almas no se hubieran encarnado con esa misión, seguro que te has cruzado con alguien que se ha prestado (puede que de forma inconsciente) a empujarte al borde de tu propio abismo para que vislumbraras la libertad, para que descubrieras tu poder. A todos ellos dale las gracias. Lo que debes hacer no es perdonarles. A menudo la gente, ante la actuación de un maestro del amor, se yergue en la soberbia que le da la posibilidad de perdonar pero ¿es coherente perdonar a quien te ofrece una oportunidad de verte, de manifestarte, de avanzar? Si su actuación te generó dolor es porque, o bien supo dar en la diana de tu ego, o tú no supiste ver el regalo y sacarle el partido que podrías haberle sacado. Ellos se ofrecieron a disfrazarse del "malo" sólo para que tú pudieras evolucionar. Deja de buscar el perdón y céntrate en el agradecimiento.

CAPÍTULO 9
LA FELICIDAD

"La felicidad no depende de lo que cambies en tu vida, salvo que te cambies a ti mismo."

Adam J. Jackson

Vivimos en una sociedad en la que escasean el tacto, el contacto, la comunicación que va más allá de la recitación de lo aprendido o de los comentarios superfluos y ausentes de contenido. Vivimos en un mundo de autómatas que no expresan sus necesidades, porque la mayoría de las veces las desconocen; de personas que se mustian esperando que los demás adivinen sus carestías y les hagan el gran favor de cubrirlas. Vivimos en una sociedad de suposiciones, de falsas verdades y objetivos erróneos que genera cada vez más infelicidad e insatisfacción. En un mundo en el que no se nos enseña a crecer, en el que se nos inyecta el miedo a través de la comunicación, la educación y la costumbre, mientras nos dicen que madurar es conformarte con un trabajo que no te aporta nada, pero te ayuda a hacerte cargo de unos pagos mensuales –aunque esa sea la única responsabilidad que asumas en tu vida–. Esto no es madurar. Crecer implica el descubrimiento y el desarrollo de uno mismo más allá de lo inculcado, de lo aprendido y de lo limitante; supone el desvelamiento de la propia sombra y la auténtica luz, y la aceptación de ambas. Crecer implica liberarse de la irresponsabilidad, de la comodidad, de las dependencias y de todo aquello que nos apertrecha en una falsa seguridad, aunque eso implique romper con mucho y muchos, incluso con todo, aunque eso implique una travesía solitaria. Supone tomar todo tu poder y hacerte cargo de él y de las consecuencias de tus actos y de tus pensamientos. Pero, como hemos ido viendo a lo largo de este libro, el miedo suele vencer, se alía con la comodidad y logra que la divinidad que habita en el corazón de cada ser se aletargue o incluso se muera sepultada bajo tiempos de cómoda espera y acciones inconscientes e irresponsables. Aparentemente no pasa nada, es lo normal, qué más se puede esperar o qué más se puede intentar, si al mirar alrededor ves que todos los que te rodean están igual de insatisfechos y perdidos que tú. Y con esa pobre excusa, la mayoría justifica el abandono de sí mismos y la adaptación al medio del que, según ellos, es imposible salir; el que, según ellos, es imposible cambiar.

Lo miremos como lo miremos, lo fundamental está en nosotros, y el camino hacia la felicidad implica el auto descubrimiento, el desarrollo de nuestros potenciales, la educación y la consciencia que nos lleve a dejar de reaccionar. La evolución no es posible con una mirada centrada en lo externo, con una necesidad perentoria de reconocimiento, con una trama de control, con una adicción al capricho y a la consecución de cambios en los otros o en nuestras circunstancias. Así como el amor nace en uno mismo, y mientras alguien no aprende a amarse no es capaz ni de amar ni de ser amado, la evolución, la serenidad y la consiguiente felicidad nacen del mismo lugar: tú.

Igual que los músculos se aletargan si no los usas, las capacidades, la intuición y el poder también lo hacen. Pero igual que pasa con los músculos, aunque al principio duela, aunque resulte costoso y tengas que lidiar con la pereza, si te lo propones, si mantienes una sana disciplina, finalmente logras sacarles un buen partido, a tus músculos y a todas tus capacidades dormidas. Sé que lo fácil es dejarse llevar por las inercias, por las costumbres, por la comodidad; es una opción, pero es una opción que no puedes contemplar si de verdad quieres ser feliz.

Si aún no te sientes preparado para ser feliz no pasa nada. Aunque no sea políticamente correcto decir que no quieres ser feliz, hay muchísima gente que elige no serlo. Muchos egos se pueden revolver al leer esto, pero es la verdad. Y como hemos venido viendo, la verdad es fundamental. A lo largo de los años he comprobado cómo una de las mayores fuentes de infelicidad de mucha gente es la lucha constante que se desarrolla en su interior entre lo que realmente quieren y lo que dicen que quieren. Es bastante común, por ejemplo, que alguien diga que quiere crecer, evolucionar o ser feliz, cuando la realidad es que no están dispuestos a hacer nada de lo que es necesario para conseguirlo. En lugar de responsabilizarse de su vida, se dedican a pedir consejo y a esperar que los otros decidan por ellos; o se empeñan en cambiar todo lo externo sin detenerse a mirar hacia dentro; o se dedican a huir de la realidad, a inventar posibilidades "mejores" y a anestesiarse para experimentar una calma ficticia; o… Cualquiera de estas u otras actitudes similares son una señal inequívoca de que lo que en verdad esa persona quiere no es ni crecer, ni evolucionar, ni ser feliz. No estoy hablando de las inercias que hay que ir limando cuando realmente decides dar el paso hacia la felicidad y hacia ti; estoy hablando de verbalizar porque crees que es lo que tienes que decir, porque es lo que otros esperan que digas o porque suena bien. No es suficiente con expresar un pensamiento o un deseo, además debes alinearte, enfocar tus energías en ese propósito y hacer lo que sea correcto y necesario para intentar alcanzarlo. Como dicen por ahí: si lo intentas, tal vez lo consigas, si no lo intentas, seguro que no lo conseguirás. Aunque, tratándose de la felicidad, estoy convencida de que quien la busca de la forma adecuada siempre la logra.

Puede que lleves un rato preguntándote cómo es posible que alguien no quiera ser feliz. Los motivos pueden ser básicamente dos. El primero es que al ser humano le da pudor brillar, cuando menos, ser feliz. Por razones que no explicaré aquí, tenemos tremendamente inculcado el sentimiento de indignidad y nos cuesta asumir que merecemos lo mejor. En parte por eso, cuando la vida nos trae muchas circunstancias favorables, tendemos a abrirle la puerta a la duda y al temor: "¿Y si lo pierdo? ¿Y si es un error? Esto es demasiado bueno para ser verdad". Es por eso, también, por lo que es tan fácil que la gente se conforme, y no me refiero al dinero o a la ambición profesional, sino a llevar vidas anodinas. Pero lo que emerge de la raíz de la indignidad y subyace bajo el conformismo y el miedo es el temor a que al ser más brillante o más feliz que los otros, te repudien, te abandonen, te envidien o te quieran destruir. Por desgracia, he comprobado que intentar ocultar el propio brillo o ponerle un límite a la felicidad no impide que vivas el rechazo en cualquiera de sus formas. Al esconder el resplandor que hace único a cada cual, sólo

Del ego al ser

se consigue desazón y, sobre todo, tristeza. Mientras que, dándote el permiso de brillar y ser feliz, les das el permiso a los demás para que también lo sean. Y, con tu ejemplo, les recuerdas que es posible lograrlo. En el fondo, la única obligación que todos compartimos es la de VIVIR, la de dejar de sobrevivir y llenar cada instante de nosotros. Sintiéndonos indignos y poniendo freno a nuestro potencial y a todo lo bueno que la vida quiere darnos, no cumplimos con nuestra obligación, ni disfrutamos del derecho sagrado de la felicidad. Tal vez parezca más sencillo no responsabilizarte de esta obligación y mantener tu vida pendiente de las decisiones o las emociones de los demás, pero desde luego es mucho menos fructífero y poco o nada satisfactorio.

La segunda razón por la que la gente puede no querer ser feliz es porque, en realidad, no saben qué supone ser feliz. Cuando este es el caso, se empeñan en marcarse objetivos que creen que les otorgarán ese ansiado estado, para comprobar, una vez alcanzados, que no sólo no son más felices, sino que además ha crecido su frustración. Aún así se vuelven a fijar otro objetivo diferente, o uno más grande que el anterior, hasta terminar atrapados en el laberinto donde culpar a los demás o a la propia vida, es lo normal; en la rueda desde la que cualquier atisbo de la realidad es una quimera. En este grupo están todas aquellas personas que basan su felicidad en la cantidad de dinero que acaudalan, o en el comportamiento de sus parejas, o en el poder social que logran, o en lo que consiguen sus hijos, o en cualquier cosa que tenga que ver con el futuro o, incluso, con el pasado. Vamos, que en este grupo está la mayoría de la humanidad.

La felicidad, ese estado de serenidad sostenida, de calma en la que se puede permanecer sin ser arrastrado ni por las circunstancias ni por las emociones, nunca jamás depende de los acontecimientos externos. Da igual cuánto dinero tengas, lo importante es disfrutar de lo que tienes, sea lo que sea. No importa cuánto te ame tu pareja, porque tu percepción de ese amor, como hemos visto, variará en función de cuánto te ames tú. No importa quién se marche o quién muera, si de verdad has estado presente en su vida y has sacado todo el partido que podías de su compañía. No importa cuánto éxito laboral logres, lo fundamental es que te dediques a aquello que amas, a aquello con lo que disfrutas y aprendes, a aquello que te nutre, independientemente de la condición social que te otorgue. En resumen, todo aquello que tu ego y la sociedad te dicen que necesitas para ser feliz no son más que falacias. Si fueran verdad, viviríamos en un mundo feliz y no en uno repleto de adictos a los ansiolíticos, de gente frustrada, iracunda, vacía, gris. Es nuestra responsabilidad llegar a ser felices. No hablo de experimentar euforia emocional ante algún logro, hablo de ser felices cada día, de ser conscientes de lo afortunados que somos independientemente de las circunstancias, porque sean cuales sean son las que hemos creado y las que necesitamos para crecer. Estamos, siempre, rodeados de grandes oportunidades que se desvanecen en la queja. De regalos que se quedan sin abrir por falta de atención, o porque no traían el envoltorio que hubiéramos deseado. Ser feliz es una cosa, conseguir tus deseos es otra, y a menudo no son coincidentes. La felicidad es más sencilla y mucho mejor que todas las elucubraciones de nuestra mente y los anhelos de nuestro ego. La felicidad, como el amor, merece la pena, independientemente de lo duros que puedan parecer los pasos que nos llevan hasta ella o la traen hasta nosotros.

Hay dos frases que me parecen perfectas como conclusión aquí. Una, aunque la repito mucho, no sé de quién es: "El que no agradece lo poco que tiene no merece lo mucho que pide". La otra es de Thot, y a pesar de su sencillez, guarda una gran profundidad: "Peor que no conseguir es no darte cuenta de que ¡ya lo has conseguido!" Para ser conscientes de lo que somos, de lo que hemos conseguido y de lo que hemos recibido o estamos recibiendo, debemos estar muy atentos y, una vez más, hacer un uso práctico de los fundamentos de los que hablamos al principio de este libro. Si no, terminaremos llorando por lo perdido sin haberlo vivido. En definitiva, tan importante o más que el hecho de ser feliz es ser consciente de que lo eres.

Prácticas

1 Dedica, al menos, unos minutos al día para hacer una toma de consciencia de todo lo que está bien en tu vida. Siente lo afortunado que eres. No permitas que tu mente dé más importancia a lo que crees que aún te falta o a lo que sientes que perdiste.

Agradece por tu día, agradece por tu vida. Date el permiso de ser feliz hoy.

Virginia Blanes

9.1 CONVIÉRTETE EN UNA PERSONA FELIZ

Deepak Chopra dice que el mayor bien que podemos hacer por la humanidad es convertirnos en magos. Yo considero que el mejor bien que podemos hacer por la humanidad y por nosotros mismos es convertirnos en personas felices y realizadas, aunque probablemente sea lo mismo.

Si has llegado hasta aquí y has realizado las prácticas propuestas, estás en el camino de conseguirlo. Pero antes de que tu mente comience a elucubrar con lo que podría suponer lograrlo, dejemos claro en qué consiste ser un mago.

Todos, independientemente de nuestro credo, podemos transformarnos en magos. No es cuestión de conjuros, de encender velas o de invocar entidades de otros planos. Es mucho más sencillo o mucho más complejo, según se mire.

La primera regla que debes tener clara es que el auténtico mago debe aprender a no hacer uso de su poder, de su energía o de su influencia para doblegar la voluntad o el comportamiento de los demás; si hiciera eso se convertiría en mago negro, y no es lo que pretendemos para ser felices, ese es el camino opuesto.

El mago nunca usa su poder para transformar nada externo. Lo que hace es contemplar y vivir su realidad, sin el sufrimiento que implica estar enredado en la confusión de una mente mal educada, sin estar preso de la ignorancia, sin dejarse arrastrar por las emociones, sin perderse el presente por estar en la expectativa y en el deseo, o en la nostalgia y el resentimiento. Por supuesto, al ser consciente de lo atemporal, no carga de importancia los sucesos intrascendentes de la vida. Ni se toma a sí mismo en serio. Ni reacciona.

Del ego al ser

Asume por completo su responsabilidad. Sabe que su vida es su creación y que todo lo que hay en ella es lo que necesita para avanzar. Al ser responsable, no se pierde en los apegos, no busca culpables, no cede su poder, ni toma el de otros.

Disfruta cada instante como el primero y el último, con una mirada limpia, un corazón abierto y la confianza necesaria para descubrir y gozar de los milagros que para muchos pasan desapercibidos.

Sin temor al error, experimenta para aumentar su sabiduría. Nunca se aferra a verdades, pues conoce su relatividad y la imposibilidad de avance si se atrapa en un conocimiento parcelado que sólo le puede dar falsa seguridad y sensación de pertenencia. Además, vive la compasión, pues sabe que todos los seres tienen su propia vía de aprendizaje, esa que sólo ellos pueden andar. Y entiende que cada cual tiene su propio ritmo y su momento adecuado; por eso no juzga dónde están los demás ni porqué están ahí.

El mago es un iniciado que ha muerto a su pasado. Esto implica que ha dejado morir sus límites (lo que no pudo ayer tal vez lo pueda hoy). Por supuesto, ha dejado que mueran sus creencias, sus costumbres y todo lo que aparentemente salió mal. Por eso no alberga ni temor, ni rencor, ni desconfianza. Todo esto le ayuda a no aferrarse a nada, a vivir con consciencia de los procesos de vida y muerte, de la temporalidad. Sabe que después de cada final se puede volver a comenzar más ligero, más limpio, más capaz, sin nada que perder. Disfruta del constante comenzar de cero que es el camino de la existencia.

El mago ha tenido el valor de renunciar a su ignorancia para comprometerse con lo real. Y si alguna vez le surge algún temor, no huye, no se esconde y no se paraliza, lo observa de frente hasta descubrir el tesoro que oculta.

Reconoce y valora los pasos que da. Y al hacerlo puede mantener un equilibrio adecuado entre acción y contemplación, entre hacer y no hacer. Además, sabe que el camino no tiene fin, pero esto no le provoca ninguna ansiedad, no tiene prisa, ni padece de impaciencia. Sabe por qué y para qué hace las cosas, conoce la auténtica raíz de sus motivaciones y apoyado en este conocimiento se enfoca en el auténtico sentido de la travesía y decide continuar, siempre hacia delante.

El mago no se considera un ser especial ni requiere del reconocimiento de otros, ni necesita demostrar nada. Sabe que todo y todos ocupan su lugar correspondiente dentro de la totalidad.

Mantiene una buena higiene energética. Conserva su energía elevada y para ello presta mucha atención a que sus pensamientos no sean negativos. Consciente, además, de que su palabra es un poderoso instrumento de manifestación de su voluntad, no la usa a la ligera. Y como sabe que sus deseos se pueden hacer realidad de forma instantánea, tiene mucho cuidado con lo que desea.

Está atento, pero no se obsesiona.

El auténtico mago es un alquimista que fluye con las leyes fundamentales y es capaz de trasmutar sus sentimientos para mantenerse en el centro, cerca, muy cerca, de la paz. Elige ser feliz, elige la serenidad y el amor. Trasciende sus deseos, sus apegos, sus creencias y así descubre quién es.

Es muy importante comprender que el mago no espera que el mundo obre según su voluntad, ni lo culpa cuando no lo hace. Al contrario, acepta lo aparentemente duro o malo que le pueda suceder, porque sabe que en esas circunstancias se encierran las auténticas oportunidades.

Por último, el mago es un ser que se ha comprometido consigo mismo. Lo que hace y lo que logra lo hace por y para él, no para salvar a otros o aleccionar al mundo.

Como habrás comprobado, este último capítulo es una breve compilación de los anteriores. Aunque parezca complicado poder llegar a convertirse en un mago, es mucho más difícil e insatisfactorio no serlo.

La magia es un derecho de todos, no un privilegio de algunos. Sin la magia, la vida no existiría. Pero, es cierto, para llegar a ser mago primero tienes que querer serlo, tienes que desear ser feliz con todas las partes que te forman. Y además necesitas mucho valor, honestidad, responsabilidad, voluntad, disciplina, humildad, experiencia y amor. No es suficiente con la cantidad que tienes ahora; si fuera suficiente ya serías un mago, ya serías siempre y plenamente feliz.

Virginia Blanes

Virginia Blanes nació en Barcelona en 1971, licenciada en Publicidad y empresaria, deja el mundo de los negocios para dedicarse por completo al estudio del ser humano y de las realidades más sutiles.

Su percepción de otros planos y de seres espirituales desde la niñez, junto a su inquietud por encontrar respuestas a la complejidad de la vida, la han llevado a estudiar: cábala, astrología, numerología, programación neurolingüística, cromoterapia, reiki, tarot, cristaloterapia, biodescodificación y diversas terapias alternativas.

En 2005, publica su primer libro: El laberinto de los dioses. Memorias de un ángel caído.

Virginia compagina su faceta de escritora con la impartición de cursos y seminarios y la organización de viajes vivenciales, en los que nos incita a conocernos honestamente, a buscar un mayor grado de consciencia, comprensión y serenidad.

Otras publicaciones

CPSIA information can be obtained
at www.ICGtesting.com
Printed in the USA
LVHW050853291019
635546LV00003B/866/P